LE DESTIN DE L'OCCIDENT

La liste des précédents livres de Jacques Attali
et de Pierre-Henry Salfati se trouve en page 243.

JACQUES ATTALI
PIERRE-HENRY SALFATI

Le destin de l'Occident

Athènes, Jérusalem

Fayard

Couverture : © Didier Thimonier
Illustrations : à gauche © Frassinetti / AGF / Leemage ;
à droite © Jemolo / Leemage

ISBN : 978-2-213-67178-9

Dépôt légal : septembre 2016

INTRODUCTION

Il peut paraître étrange, en ces temps si troublés, et à un moment où seul l'avenir devrait nous concerner, de s'intéresser aux relations entre deux modes de pensée nés quelque part au Moyen-Orient il y a plus de trois mille ans. Et pourtant, rien n'est plus actuel, rien n'est plus nécessaire, rien n'est plus urgent, pour comprendre ce qu'est réellement notre monde, pour y lire ses luttes et ses espérances, pour déchiffrer où il va, que de dévoiler les fondements de la civilisation occidentale, aujourd'hui pratiquement planétaire, si admirée, si détestée, si combattue, si défendue. Et ces fondements sont essentiellement juifs et grecs. Judéo-grecs. Parce que le judaïsme et l'hellénisme se sont nourris réciproquement pour donner naissance à une pensée originale, totale, faisant de l'unité le but ultime de toute pensée. Une pensée qui incarne, avant toute autre, la nécessité de faire coexister la foi et la raison sans que l'une l'emporte sur l'autre.

Ainsi commence l'Occident. Ainsi s'annonce son destin.

Certes, l'Occident plonge aussi ses racines dans les rencontres et les dialogues entre un nombre considérable d'autres civilisations, mythologies, idéologies et écoles philosophiques, multimillénaires ou récentes. Celles-ci viennent de l'Égypte, de l'Inde, du monde celtique, du monde perse, du monde arabe, et du rationalisme.

De fait, l'Occident naît, plus encore que de toutes ces autres sources, de la rencontre des pensées juive et grecque, du judaïsme et de l'hellénisme, des prophètes et des philosophes dans ce tout petit lieu de l'univers où elles voisinent. Et le dialogue entre ces deux mondes continue, depuis trois millénaires, en soi et à l'intérieur du christianisme, de l'islam et des Lumières, à façonner le destin de l'Occident et du monde.

Si les Juifs prônent l'infini et l'espérance, si les Grecs prônent le fini et la raison tragique, les uns et les autres prônent l'unité – de Dieu et des causes ; les uns et les autres vont faire naître l'homme occidental. Libre, il se pense maître d'un monde à son service. S'impose peu à peu, en particulier, son droit de choisir librement ses biens privés et ses biens publics. Ainsi s'installe une société progressivement et simultanément religieuse et laïque, marchande et démocratique.

De là tout découle : les religions monothéistes et les Églises ; la structure des alphabets et des langues, des sciences et des arts ; les valeurs de la modernité (le progrès, la raison, les droits de l'homme, la démocratie). Toutes conçues, comme le couple judéo-grec, dans l'obsession de l'unité. Toutes issues, pour l'essentiel, de la même matrice, judéo-grecque.

Et pourtant, cette double origine judéo-grecque si fondatrice est totalement méconnue : si la civilisation occidentale admet sa filiation grecque, elle néglige en général ce qu'elle doit au judaïsme, préférant se référer au seul christianisme.

Presque aucun lettré n'a étudié les relations entre les deux mondes, sinon pour prétendre que l'un avait pillé l'autre ou pour nier leurs contacts. Ou encore pour dire, comme Leo Strauss au XIXe siècle, que ces deux mondes, Athènes et Jérusalem, se contredisent, comme se contrediraient la foi et la raison.

Aujourd'hui encore, très rares sont ceux, parmi les spécialistes, qui traitent de leurs relations. Peu connaissent aussi bien l'une et l'autre culture. Il existe très peu de départements d'études comparées des pensées juive et grecque. Moins nombreux encore, parmi les savants, sont ceux qui ont osé ouvertement les comparer ; comme s'il était dangereux de lancer le moindre pont entre ces deux univers. Même si, parmi eux, plusieurs se sont aventurés, lors de notre recherche, à nous murmurer des hypothèses qu'ils n'avaient jamais osé écrire.

Cet oubli se comprend aisément : les peuples, comme les individus, préfèrent avoir des dettes à l'égard des morts que des vivants. Et les nations d'aujourd'hui préfèrent devoir leurs valeurs à des civilisations disparues, comme l'hellénisme, qu'à celles qu'elles côtoient encore, comme le judaïsme.

De plus, cet oubli s'explique par la grande distance, apparente, entre ces deux modes de pensée, qui rend difficile de croire qu'elles puissent avoir dialogué. L'une et l'autre civilisation sont en effet, *a priori*, fondamentalement différentes : les Grecs sont polythéistes, les Juifs monothéistes. Les Grecs sont philosophes, les Juifs prophètes. Les Grecs asservissent, les Juifs sont asservis. Les Grecs pensent le monde pour le conquérir, se nourrissant de tout ce qu'ils rencontrent. Les Juifs, au contraire, ne cherchent ni à conquérir, ni à convertir, simplement à exister en attendant celui qu'ils nomment le Messie.

Le texte grec est en général extérieur à son auteur : Homère est absent de l'*Iliade*, comme Platon et Aristote sont absents de leurs dialogues, alors que Moïse est à la fois l'objet et le sujet écrivant, héros de son propre livre. La pensée grecque s'occupe du présent, la pensée juive des générations suivantes. L'une est morale, l'autre pas.

En outre, le monde grec a toujours refusé de reconnaître s'être inspiré de ce petit peuple secret. Le monde juif a, lui aussi, refusé d'admettre toute influence grecque. Aucun de leurs textes ne parle de leur rencontre jusqu'au IVe siècle avant notre ère, quand un certain Théophraste, disciple d'Aristote, parle d'un « peuple de philosophes-nés », et un nommé Hécatée d'Abdère évoque une « Loi de

Moïse ». Au même moment, à l'heure où Alexandre le Grand établit un lien militaire entre Judée et Macédoine, des sources juives commencent à mentionner les contacts de rabbins avec Aristote et à identifier un personnage de la Bible, Yavan, le fils de Yaphet (Genèse, X, 2), comme « Ion », l'ancêtre des Grecs, fils de Xouthos, lui-même fils d'Hellen, lui-même fils de Deucalion, le Noé grec.

Et pourtant, judaïsme et hellénisme sont, à notre sens, inséparablement associés dans un incessant dialogue. Et ils convergent autour d'une idée qui fonde l'Occident : l'Unité. De Dieu. De l'Homme. De l'Autre. Des causes. Le monothéisme. La Science. La Foi et la Raison.

Si les premières cosmogonies qui nous sont parvenues – égyptiennes ou assyriennes – tournent toutes, telle l'épopée de Gilgamesh, autour de la quête par l'homme de l'immortalité, et de la nécessité pour lui de se résigner à son destin de mortel en tentant de plaire aux dieux et d'obtenir d'eux la répétition du même, il faut en arriver à la pensée hébraïque, puis hellénique, pour voir surgir et théoriser le changement comme une bonne nouvelle, et non une menace. Pour l'un et l'autre peuple, le temps ne se répète plus de manière cyclique, mais s'écoule de façon linéaire.

Peuple hébreu et peuple grec inventent alors, en voisins, communiquant sans doute, la modernité ; chacun engagé dans une bataille pour se libérer d'un oppresseur ou d'un ennemi : l'Hébreu contre l'Égyptien, le Grec contre le Perse – dans les deux cas, un adversaire qui a remis en cause leur identité, leur être.

Selon leurs récits fondateurs, l'homme avait, à l'origine des temps, accès à la perfection rassurante d'un monde répétitif où il était immortel. Par suite d'une faute, il en a été exclu et tente d'y revenir. Si l'avenir reste plein d'incertitudes et de menaces, il devient donc riche de promesses. Le déviant n'est plus considéré comme nécessairement dangereux, mais comme acteur possible du progrès, pour la reconquête de l'immortalité perdue. Les Hébreux racontent ainsi l'histoire des hommes, d'Adam à Moïse, comme une progression vers la liberté, après une chute, sur un chemin semé d'embûches.

Les Grecs en font autant, un peu plus tard et autrement. Zeus donne aux Grecs un Dieu suprême, proche du Dieu unique des Juifs. Prométhée agit comme Adam ; le Parnasse joue dans la mythologie grecque le même rôle que le mont Ararat dans la Loi juive ; les Hespérides, jardin magnifique des dieux grecs, ressemblent au Pardès des Hébreux. L'arbre portant le fruit défendu de la Genèse, tout comme l'arbre magique des Grecs, est gardé par un serpent ; le destin de Pandore ressemble à celui d'Ève ; celui de Deucalion est une exacte copie de celui de Noé.

Les histoires de ces deux peuples sont écrites avec deux alphabets presque identiques (dont le plus ancien est protosinaïtique et deviendra hébraïque, inventé seize siècles avant notre ère, soit sept siècles avant l'apparition du second). L'alphabet, invention majeure, permet d'écrire plus vite, et d'accumuler et de transmettre plus précisément un savoir, une histoire, des techniques, des lois. La plupart des historiens en accordent pourtant la paternité, au Xᵉ siècle avant notre ère, à des « Phéniciens », communautés vivant dans plusieurs cités situées sur les côtes de l'actuel Liban, qui ne seront ainsi nommées que bien plus tard par les Grecs et qui ne constituent jamais ni un peuple ni une nation. En fait, l'alphabet des « Phéniciens » dérive d'un alphabet « protosinaïtique », mis au point près de dix siècles plus tôt dans les lieux d'esclavage des Hébreux, au cœur de l'empire d'Égypte, au voisinage du Sinaï. La chronologie est donc claire : la plus ancienne trace d'un alphabet comparable à ceux d'aujourd'hui est le protocananéen vers – 1700, alors qu'une écriture, non encore alphabétique, n'apparaît chez les Grecs qu'en – 1250 (le linéaire B). La plus ancienne inscription connue chez les Juifs date de – 1200, et chez les Grecs de la seconde moitié du VIIIᵉ siècle avant notre ère.

Puis les analogies et les points communs se précisent, d'autant plus évidents que les événements peuvent être établis historiquement.

Composés au VIIIᵉ siècle en Ionie, cette région d'Asie Mineure si proche de la Judée, les poèmes d'Homère décrivent des épisodes de l'histoire des Grecs contemporains de la sortie d'Égypte des Hébreux, les uns et l'autre ayant eu lieu quatre siècles auparavant. À la même époque, au VIIIe siècle, à Jérusalem, Salomon bâtit le premier Temple.

Au VIIe siècle, en Judée, Osée et Amos prophétisent, Isaïe déclame ses visions, alors qu'en Ionie Hésiode compose sa *Théogonie*, qui raconte l'origine des dieux. Au même moment, en Ionie, naît la monnaie, qui unifie les instruments d'échange et les formes de l'échange : apparaît alors le marché.

Au VIe siècle, à Milet et dans le reste de l'Ionie, Thalès transforme les dieux en concepts et glorifie l'unité des causes ; non loin de là, à Jérusalem, Josias restaure l'unité de Dieu et glorifie le Deutéronome retrouvé.

Dans les deux mondes apparaissent le respect de la personne humaine, la fin des sacrifices humains, l'importance de l'Autre pour soi.

Au Ve siècle, alors que le centre de l'espace grec bascule de l'Ionie vers la Grèce continentale et que bon nombre de « métèques » d'Athènes, nouvelle capitale de cet espace, sont des marchands juifs, Socrate y réaffirme cette unité, y compris divine, comme le fait au même moment Ezra à Jérusalem.

À la fin du IVe siècle, à Alexandrie – ville nouvelle, voulue par un éphémère maître du monde grec, Alexandre, suivant les recommandations de son précepteur Aristote –, est réalisée une traduction de la Torah en grec, sans doute la première. Sous le nom de « Septante », elle rend totalement explicite cette rencontre, et chacun commence à parler ouvertement de l'autre. Au siècle suivant, d'autres Juifs, en

Judée, refusent, eux, de disparaître dans la culture des maîtres, Grecs puis Romains, ouvrant la voie à d'innombrables sectes en résistance, dont l'une sera le berceau du christianisme.

Le débat se cristallise alors sur un point plus particulier : les Grecs et les Hébreux ne voyaient pas de contradiction entre la foi et la raison. Les Romains vont inventer les Grecs en les nommant ainsi et en récupérant leur mythologie et leur philosophie. Le christianisme va vouloir ensuite rétablir la primauté de la foi, et même interdire le travail de la raison. Les deux millénaires qui suivent vont progressivement réinstaurer la compatibilité de la raison et de la foi, et même assurer la victoire de la première sur la seconde, malgré l'Église, qui ne l'admettra que très récemment.

Une part importante du monde a ainsi évolué progressivement vers le triomphe de l'unité dans chacune de ses quatre dimensions : politique, théologique, économique et cognitive.

Ce dialogue entre la pensée juive et la pensée grecque construit donc peu à peu un système de valeurs, une utopie sociale, glorifiant l'individu, la liberté d'être et de penser, la raison, la découverte, l'accumulation de connaissances, l'amélioration du monde matériel, l'importance de l'Autre, de son respect et de son bonheur. Ce règne de la raison serait impossible sans la liberté individuelle, qui elle-même suppose sa gestion par le marché et la démocratie. Avec toujours, en arrière-plan, la quête suprême de la liberté : le projet fou d'échapper à la contrainte de la mort. De cela, l'Occident est l'héritier. Dans cette naissance se prépare son destin.

Par la tentative bimillénaire pour enfouir cette origine se trouve cachée, censurée, une des dimensions essentielles de notre identité. Dévoiler ce non-dit, faire surgir ces vérités cachées, telle est l'ambition de ce livre, sorte de psychanalyse de l'Occident dont il pourrait sortir, enfin, adulte et serein.

CHAPITRE 1

Unité de Dieu : mythes grecs et récits juifs

Depuis sans doute plus de 200 000 ans, les hommes, d'abord nomades, puis partiellement sédentaires à partir d'il y a 8 000 ans, cherchent à donner un sens aux mouvements des étoiles et des planètes, au vent, à la pluie et à tous les événements qui les dépassent. Ils ont pour cela considéré toutes les choses qui les entouraient comme des êtres vivants, parfois plus puissants qu'eux, puissances invisibles ; ils en ont fait des objets de prière, puis des dieux, innombrables.

En particulier, dans les régions fertiles où se sont établies les premières cités, au Moyen-Orient et dans la vallée du Nil, ont surgi mille civilisations, mille cosmogonies. Toutes racontent l'histoire des dieux et des hommes ; certaines donnent une explication de l'origine du monde, de la vie, de l'humanité ; d'autres définissent aussi le bien, le mal, le juste, l'injuste, la vie et la mort.

Au XIIIe siècle avant notre ère, au moment où se serait installé en Égypte un fugace monothéisme, ainsi qu'un autre bien plus durable en Perse, ont commencé à circuler des récits de ce genre dans les villes de Canaan et en Ionie. Ces récits vont former d'une part la Torah, la Loi juive (improprement nommée bien plus tard, en grec, la « Bible »), et d'autre part la mythologie grecque.

L'histoire de la construction de ces deux ensembles gigantesques reste énigmatique : on ne sait presque rien de leurs débuts, de leurs sources d'inspiration, de leurs auteurs, de leurs lieux précis de naissance, sinon qu'ils sont, selon nous, très proches l'un de l'autre. En particulier, on ne sait rien du dialogue qu'ils auraient pu entretenir entre le moment où ils se forment, au XIIIe siècle avant notre ère, à quelques encablures l'un de l'autre, et celui où ils se rencontrent officiellement, dix siècles plus tard.

Pour la plupart des savants d'aujourd'hui, pendant toute cette période, ces deux mondes ne communiquent pas ; ils cheminent en parallèle. Aucune idée de l'un n'est supposée s'être infiltrée dans le corpus de l'autre.

Et pourtant, il faut être aveugle pour ne pas voir l'extraordinaire proximité de ces deux récits et leurs différences communes avec tous les autres récits cosmologiques environnants. Ils ont donc dû échanger beaucoup plus et beaucoup plus tôt que les experts ne veulent bien l'admettre. C'est essentiel, car, on le verra, c'est là que se joue le destin de l'Occident.

La Torah, ou Loi juive, se constitue progressivement en un texte continu, organisé, racontant l'histoire de la création du monde, de l'humanité et d'un peuple particulier réuni autour d'un dieu, et fixant progressivement l'ensemble des lois et des normes qui s'imposent, selon lui, à l'ensemble des hommes. Ce texte est supposé avoir été dicté par Dieu lui-même à son auteur, Moïse. Cette loi n'est, selon certains, pas immédiatement monothéiste : certains des noms qu'elle donne à un dieu indiquent en effet un pluriel. Elle ne se fixe définitivement, selon certaines sources, dans la forme qu'on lui connaît aujourd'hui qu'à la fin du IVe siècle avant notre ère.

La mythologie grecque se construit elle aussi progressivement, un peu plus tard. Elle est répartie dans plusieurs textes, en particulier les épopées attribuées à un certain Homère, ainsi que les milliers de vers des *Travaux et les Jours* et de la *Théogonie* d'Hésiode, à l'existence plus certaine, au VIIIe siècle avant notre ère. Homère et Hésiode racontent les frasques des dieux, les exploits des héros, la vie des Titans, les fantaisies des Muses. Le second tire son inspiration de multiples sources, dont son propre père, originaire de Cymé, en Éolie, qui, à la tête d'une société de cabotage, voyageait en Asie et au Proche-Orient en en rapportant toutes les histoires possibles.

Les différences entre ces deux visions du monde, et entre les récits qu'elles ont inspirés, sont évidemment importantes et très connues. Elles portent en particulier sur le rôle du ou des dieux, et sur la conception de la vie après la mort. Pour les Grecs, le monde est éternel, sans fin. Pour les Hébreux, le monde est mortel et s'achèvera. Pour les Grecs, aucun dieu n'est créateur de l'ensemble du Cosmos ni des êtres vivants qui l'habitent ; et, pour eux, les hommes ne reviennent jamais à la vie de façon matérielle après la mort ; l'âme prend le relais des corps. Pour les Hébreux, au contraire, un seul dieu a créé l'univers, et les corps retrouveront leur intégrité au moment de la résurrection des morts. Pour les Hébreux, Dieu a fait les hommes à son image. Pour les Grecs, les dieux sont à l'image des hommes, y compris le pire de leur nature. Alors que le monothéisme juif apporte l'idée de l'unité du projet divin, dont l'homme est l'image, et d'un dieu qui aime les hommes et les conduit vers la résurrection, le polythéisme grec rassemble des dieux qui méprisent les hommes et jouissent du spectacle de leurs passions. Les dieux des Grecs sont libres ; les hommes tentent de le devenir, mais sont toujours rattrapés par la mort. La loi n'est plus celle de Dieu, mais celle des hommes.

Autre différence notable entre les deux peuples : alors que chez les Hébreux la sexualité est essentiellement liée à la reproduction, chez les Grecs elle est orientée aussi vers le plaisir ; elle est remède et source à la fois de tristesse et d'insatisfaction, source de passion, de souffrance, de joies et de peines. Pour les premiers, le bonheur n'est pas une finalité ; il l'est pour les seconds. Chez les premiers, la beauté n'est pas spécialement célébrée ; pour les seconds, elle est un moteur majeur de l'action. Les premiers sont indifférents à l'image ; les seconds établissent les canons de la sculpture, de l'architecture, du théâtre, de la musique, de la poésie.

Les analogies, pour dire le moins, entre la Loi juive et la mythologie grecque sont tout aussi innombrables, même si elles sont généralement occultées ; elles apportent les meilleures preuves disponibles, irréfutables même, des relations très étroites que ces deux mondes entretenaient depuis longtemps. Et qui ne peuvent être de simples coïncidences. Même si l'on ne sait pas comment, il y a plus de trente siècles, ils ont échangé, ni par quel bateau, quelle caravane, quel marchand, quel marin, ces histoires se sont mêlées, le fait est établi : elles se sont mêlées. Et ce mélange est essentiel, car il fonde le destin de l'Occident, dont toutes les valeurs sont issues de cette rencontre. Voici quelques-uns des exemples les plus frappants de ces similitudes si longtemps niées – similitudes d'autant plus fortes que, dans la plupart des cas, il y a une antériorité certaine du récit juif sur le récit grec.

Un dieu : Zeus ou Yahvé

Quand la tradition juive se constitue, elle ne nie pas l'existence d'autres dieux (d'où, justement, le pluriel, en hébreu, d'un des noms de Dieu : « Elohim ») ; pour elle, si seul le dieu des Juifs doit être servi par eux, les autres dieux doivent être respectés. Quand les textes se fixeront, ils en garderont la trace. Il est écrit par exemple dans la Torah : « Vous n'irez pas à la suite d'autres dieux, dieux des peuples qui seront autour de vous, car Yahvé ton seigneur, au milieu de toi, est un dieu jaloux » (Deut., VI, 14-15). Jusqu'au VIIe siècle au moins, certains rois de Judée seront même explicitement adorateurs d'autres dieux que le dieu des Juifs. Puis Yahvé devient peu à peu non seulement le seul dieu des Juifs, mais aussi, selon eux, le seul dieu de toute l'humanité. En particulier, les Juifs refusent alors d'inscrire leur dieu parmi ceux des peuples chez qui ils émigrent – et notamment dans le panthéon grec des villes ioniennes.

Chez les Grecs, en effet, les dieux sont multiples ; tous obéissent au seul Destin, et l'un d'entre eux, Zeus, y est considéré progressivement comme le plus important de tous. Zeus a d'ailleurs beaucoup de points communs avec Yahvé.

Leurs deux noms, d'abord, présentent d'étranges similitudes et renvoient à la multiplicité du divin. En hébreu, « Yahvé » dérive du verbe *yahi* (« être ») ; les vingt-quatre combinaisons des quatre consonnes du mot « Yahvé » décrivent d'ailleurs, selon la tradition juive, les vingt-quatre formes de l'être (être, avoir été, devenir, amener à être, disparaître comme être, etc.), parmi lesquelles l'homme n'en perçoit que trois (passé, présent et futur) ; d'où son caractère indicible, donc imprononçable. De même, en grec, le nom « Zeus » dérive du verbe *zèn* qui possède de nombreux sens (vivre, être en vie, soutenir sa vie, passer sa vie, faire vivre et donner à vivre). Comme si, dans les deux cas, Dieu était à la fois unique et multiple.

D'autres points communs existent entre ces deux divinités suprêmes. Par exemple, Yahvé se dévoile aux hommes au sommet du Sinaï, pendant que Zeus s'installe au sommet de l'Olympe. Yahvé règne sur douze tribus, tandis que Zeus règne sur douze dieux.

Une origine du monde : « Chaos » et « Tohu-Bohu »

Grecs et Hébreux renvoient tous les deux à une origine unique du monde décrite d'une façon étonnamment proche : Chaos et Tohu-Bohu.

Pour les Hébreux, tout commence par un état informe, innommable, de la matière. Au début de la Genèse (I, 1-2), on peut lire : « Au commencement, Elohim créa les cieux et la terre. Et la terre était *tohou va bohou*, ténèbres sur la face de l'abîme, et le souffle d'Elohim planait sur la face des eaux. » Le *Tohou va Bohou* se présente comme le lieu du chaos hostile et désolé, porteur de néant. L'association des deux mots forme une description radicale de « néantisation ». Il s'agit d'un état de non-structuration, incompréhensible par l'homme. Rien n'est identifiable, parce que rien n'est nommé. Le processus de la création, *Bara*, va consister à séparer, distinguer, désigner, nommer ce qui jusque-là était innommé, parce que sans ordonnancement, ou qui appartiendrait à un ordre supérieur à l'esprit de la raison. On traduit *tohou va bohou* par *solitude et chaos* dans la Bible du Rabbinat, *déserte et vide* dans la traduction TOB, *vide et vague* dans la Bible de Jérusalem, *invisible et désordonnée* dans la Septante. *Tohou* a pour racine le mot *Taha*, qui signifie « dévastation » ; *Baha*, racine du mot *Bohou*, signifie « être vide ».

Le rapprochement avec la genèse grecque est frappant. Pour les Grecs, le Chaos précède l'existence des dieux et du monde. Il engendre d'abord Gaïa, le Tartare et Éros. Puis Érèbe et Nyx, puis encore Éther et Lumière du Jour. Hésiode écrit : « Donc, au commencement, fut Chaos, et puis la Terre au vaste sein, siège inébranlable de tous les immortels qui habitent les sommets du neigeux Olympe, et le Tartare sombre dans les profondeurs de la vaste terre, et puis Amour, le plus beau des immortels, qui baigne de sa langueur et les dieux et les hommes, dompte les cœurs et triomphe des plus sages vouloirs. De Chaos naquirent l'Érèbe et la sombre Nuit. De la Nuit, l'Éther et le Jour naquirent, fruits des amours avec l'Érèbe. À son tour, Gaïa engendra d'abord son égal en grandeur, le Ciel étoilé qui devait la couvrir de sa voûte étoilée et servir de demeure éternelle aux dieux bienheureux. Puis elle engendra les hautes montagnes, retraites des divines nymphes cachées dans leurs vallées heureuses. Sans l'aide d'Amour, elle produisit la Mer au sein stérile, aux flots furieux qui s'agitent. » *Chaïno*, qui donne Chaos, signifie « être grand ouvert ». Chaos est un dieu primordial, un dieu générique dont le nom s'associe à la « faille », et donc à l'indicible. Ovide le Latin écrit dans le chapitre premier de ses *Métamorphoses* : « Avant que n'existent la mer, la terre et le ciel qui couvre tout, la nature dans l'univers entier ne présentait qu'un seul aspect, que l'on nomma Chaos. C'était une masse grossière et confuse, rien d'autre qu'un amas inerte, un entassement de semences de choses, d'éléments divisés et mal joints. »

Chaos la béance fait penser à *Tehom*, l'abîme qui succède à *Tohou va Bohou* dans ce deuxième verset de la Genèse : « Et la terre était tohou et bohou, les ténèbres couvraient la face de l'abîme, Tehom… » Ce qui fait du *Chaos* l'équivalent grec du *Tohou va Bohou* hébraïque, c'est donc l'idée de la béance, celle de l'absence d'ordre, celle de la confusion primordiale. Comme si, pour l'un et pour l'autre, l'origine était inconnaissable.

Dans ces deux récits des origines, il y a donc une étape avant la création proprement dite, une étape innommée car innommable, si ce n'est par l'impression qu'elle donne. Les Juifs comme les Grecs pensent qu'il est improbable de créer le monde à partir de rien. Il faut donc nécessairement faire équivaloir le matériau de la création à un matériau indéfini, innommé : créer consiste à donner un nom aux choses, à nommer ce qui est en attente d'être nommé. Dépourvus de nom, les éléments qui composeront le monde contribuent au non-sens ; dès lors qu'un dieu les nomme et, de fait, les ordonne, ils passent du non-sens au sens.

Les deux concepts ne sont cependant pas identiques : pour les Grecs, le Chaos est un temps infini dans le passé, alors que, pour la Torah, le temps commence avec le monde, et, si l'infini existe – *Ein Sof* –, il est tout sauf du temps. Cette différence majeure va constituer un élément crucial du dialogue judéo-grec, et du débat occidental, jusqu'à aujourd'hui.

Une montagne sacrée : Sinaï ou Olympe

Dans les deux cas, l'univers divin et l'univers humain se rejoignent par une montagne.

Dans le récit juif, c'est sur le mont Sinaï, au milieu d'un désert situé entre l'Égypte et la Judée, que Dieu vient donner la Loi à Moïse. Cette montagne constitue l'interface entre le monde des hommes et celui de Dieu : Dieu et les hommes s'y rencontrent deux fois.

Dans la mythologie grecque, c'est sur l'Olympe, ce point le plus élevé de la Grèce continentale, que les Hellènes imaginent un magnifique palais où résident les douze dieux primordiaux, et les hommes n'y ont que rarement accès.

Pour les Hébreux, les hommes cherchent à s'approcher de Dieu ; pour les Grecs, les dieux tentent de s'approcher des hommes ; dans les deux cas, en vain. Le Sinaï est le point le plus haut pour les hommes, en quête du divin ; l'Olympe est le point le plus bas pour les dieux, en quête de l'humain. Le Dieu juif descend sur la montagne ; les dieux grecs montent sur l'Olympe.

Un premier être libre : Adam ou Prométhée

Dans les deux systèmes de pensée, l'homme est unique dans la création, différent des autres espèces vivantes, dont il est le maître ; il est le premier et le seul être au moins partiellement libre. L'un et l'autre fondent ainsi ce qui deviendra la conception occidentale de l'Homme maître de la Nature.

Son destin est conçu dans les deux récits d'une façon parallèle : Adam est, selon la Torah, le premier homme, créé par Dieu à partir d'argile. Prométhée est, selon certains récits tardifs, fils d'un des quatorze Titans, dieux primordiaux de l'Olympe, et modèle l'homme, lui aussi à partir d'argile.

Selon la Genèse, Adam se voit confier par Dieu une mission et une limite : « Je te donne toute herbe portant de la semence et qui est à la surface de toute la terre, [...] mais de l'arbre de la connaissance du bien et du mal, tu n'en mangeras pas, car au jour que tu en mangeras, tu mourras ! » (Genèse, I, 28-29 et II, 17). Adam transgresse cet interdit ; il est chassé du Paradis et doit assurer sa propre existence (« Les hommes devront sacrifier selon les règles, travailler pour se nourrir, cuire leur nourriture et procréer légitimement pour se continuer au-delà de la mort »). La désobéissance d'Adam annonce la singularité juive : la transgression est nécessaire au perfectionnement.

De même, chez les Grecs, selon Hésiode, Prométhée combat contre les dieux, pour le progrès, pour la raison, être unique dans la création ; il donne à l'homme le feu en transgressant, lui aussi, un interdit du dieu suprême, Zeus ; en punition, Prométhée est enchaîné par Zeus, et son flanc est dévoré par un aigle.

Dans les deux récits, l'homme trouve donc sa liberté par une transgression. Dans les deux récits aussi, l'homme se distingue des autres créatures par ses relations à Dieu ou aux dieux.

Dans les deux récits, l'homme est associé au feu : le feu, symbole de l'étincelle d'âme divine leur conférant une dimension spirituelle. Chez les Grecs, le feu, en tant que savoir divin, subvient à la survie physique des hommes ; il est symbole de transgression. Dans la Loi juive, l'homme est aussi associé à l'idée de « feu » : en hébreu, le mot « homme » (*ish*) s'écrit avec les mêmes lettres que le mot « feu » (*esh*).

La pensée juive comme la pensée grecque définissent ainsi le feu et l'homme de la même façon, comme aspirant l'un et l'autre à « s'en aller par le haut » pour rejoindre leur source solaire. L'élévation, véritable perspective de l'homme s'échappant d'un monde qui le retient désespérément en bas.

Nul ne peut penser que cela ne puisse être que coïncidence. Et si l'antériorité du récit juif est établie, rien n'explique comment la pensée grecque s'en est ultérieurement inspirée.

L'une et l'autre autorisent, incitent même, à penser librement, donc à rechercher la réalité du monde. Parce que l'une et l'autre pensent que le rôle de l'homme est de réparer le monde, de réparer la faute initiale des hommes, d'améliorer le monde, et, pour cela, de le connaître.

Une première femme : Pandore ou Ève

De même, la femme apparaît dans les deux récits de la Création d'une façon extraordinairement voisine. Il serait, là encore, inimaginable que cela ne soit qu'une coïncidence : Ève et Pandore sont créées l'une et l'autre par un acte ultime du divin, et chargées dans les deux cas à la fois de porter malheur aux hommes et de sauver le monde.

Là encore, on ne sait pas par quels échanges cette similarité s'est formée. D'autant plus que, une nouvelle fois, les récits juif et grec n'empruntent rien aux récits des peuples voisins et que, une nouvelle fois, le récit juif est antérieur au récit grec : le récit de la création d'Ève (dont on date la première manifestation écrite au IXe siècle avant notre ère) et le mythe grec de Pandore (qui apparaît chez Hésiode deux siècles plus tard) ne se retrouvent nulle part antérieurement sous cette forme, ni à Sumer, ni à Babylone, ni ailleurs.

Et ils sont incroyablement proches.

Dans le récit juif, à la fin du sixième jour après la création du monde, Ève est créée, dernier être vivant ; non pas à partir d'un matériau brut, comme toutes les autres créatures, mais à partir d'un matériau vivant déjà créé : le côté d'Adam. Ève est ainsi signifiée comme créature de créature, aboutissement, raison d'être même du processus de la Création. Son nom, Hava, vient du mot *haya* (la « vie » ou « celle qui donne la vie »). Le verset biblique est plus explicite encore : « L'homme donna pour nom à sa compagne "Ève" parce qu'elle fut la mère de tous les vivants. » Ève contient donc en puissance le genre humain, et en particulier le Messie, réparateur à venir de la faute d'Ève. Car la première femme va transgresser l'interdit et pousser le premier homme à consommer le fruit défendu de l'arbre de la connaissance. Ève a ainsi pour rôle de créer l'humanité, qui aura pour mission de réparer sa propre faute.

De même, dans le récit grec, bien plus tardif, Hésiode rapporte que, à l'initiative de Zeus, tous les dieux se sont unis pour créer un être nouveau, une femme : Héphaïstos façonne son corps dans de l'argile mouillée d'eau ; Athéna, elle-même tirée du corps de Zeus, lui donne vie ; Aphrodite lui donne la beauté ; Hermès lui offre l'art du mensonge. Son nom est d'ailleurs la trace de leur signature commune : Pandore signifie « don de tous ». Elle séduit les hommes et les conduit à leur perte, en ouvrant une jarre contenant tous les maux pour expier la faute prométhéenne. Un de ces maux (*elpis*, que l'on traduit généralement par « attente ») reste bloqué au fond de la jarre ; et l'attente est, pour les Grecs, un mal au moins égal à la folie.

La symétrie des deux récits est remarquable : dans les deux, une première femme est créée par un acte ultime du divin ; dans les deux, elle est porteuse à la fois d'une malédiction et du salut du monde ; dans les deux, Dieu veut se servir d'elle pour punir l'homme.

Différences apparentes : la Torah donne une dimension particulière dans la malédiction que l'on ne retrouve pas chez Hésiode : la culpabilité par la faute d'Ève, qui, elle, transgresse un interdit divin, alors que Pandore ne fait qu'obéir à un ordre de Zeus. De plus, l'attente semble une malédiction pour les Grecs, alors qu'elle est la valeur suprême pour le judaïsme.

Mais une autre lecture du mythe de Pandore pourrait les rapprocher : sous les maux du monde persiste l'espérance du salut, qui serait le but ultime de tous les maux ; le mal ou la malédiction est au service de l'espoir d'un monde meilleur. En ce sens, les deux récits se rejoignent.

Reste que, dans les deux cas, la création de la femme participe de la constitution de l'unicité de l'espèce humaine, de son originalité absolue et de sa capacité, unique, à donner du sens à son destin.

Un Déluge : Noé ou Deucalion

Cette fois, le récit juif comme le récit grec ne semblent pas originaux : selon certains épigraphistes et philologues, les Hébreux auraient emprunté il y a trois mille ans le mythe du Déluge aux Babyloniens, qui l'auraient eux-mêmes emprunté mille ans plus tôt aux Sumériens. Le Noé sumérien est nommé Ziusudra ; le babylonien est Utnapishtim.

Si le récit grec équivalent est, là encore, plus tardif que le récit hébreu, tous deux ont cependant quelque chose de très particulier en commun, qu'on ne retrouve dans aucune autre cosmogonie, comme un autre marqueur de leur dialogue spécifique.

Le récit hébraïque de Noé, tel qu'on le trouve dans la Genèse, apparaît par écrit au Xᵉ siècle avant notre ère ; le Deucalion, son équivalent grec, n'apparaît que cinq siècles plus tard dans la *Neuvième Olympique* de Pindare : « À cette époque, un déluge engloutit la Terre sous la profondeur de ses ondes ; mais bientôt, les flots, refoulés au loin, rentrèrent dans les abîmes creusés par la puissante main de Zeus » (49-53). On apprend ensuite des détails de cette histoire dans un texte, la *Bibliothèque*, attribué à un auteur désigné comme Pseudo-Apollodore, au IIᵉ siècle de notre ère.

Les deux récits présentent quelques différences : il faudra quarante jours et quarante nuits à Yahvé pour en finir avec la vie sur la terre ; neuf jours seulement à Zeus. Par ailleurs, le récit du Déluge chez les Grecs ne s'embarrasse pas du sort des animaux, des arbres et des plantes. Chez les Hébreux, au contraire, « Dieu se souvint de Noé, dit le verset [Genèse, VIII, 1], et de tous les animaux qui étaient avec lui dans l'arche ». Et, de fait, il assèche la Terre pour permettre à la vie, tant animale que végétale, de reprendre son cours, laissant la nature au service de l'Homme, espèce unique : « Tout ce qui se meut et qui vit servira à votre nourriture, de même que les végétaux, je vous livre tout » (Genèse, IX, 3). Le régime végétarien, qui précède le Déluge chez les Hébreux, laisse place à un régime carné ; rien de tel chez les Grecs.

Mais les similitudes entre les deux déluges sont, là aussi, frappantes et, encore une fois, tout à fait uniques ; il est impossible qu'elles soient de simples coïncidences. Par exemple, le Dieu hébreu intime à Noé l'ordre de fabriquer une *teva*, que l'on a traduit à tort par « arche », mais qui signifie en fait « boîte ». De même, Prométhée exige de son fils Deucalion de construire un *larnax* (« boîte » en grec). Or, aucun autre récit de déluge, dans aucune langue, n'emploie le terme de « boîte » pour désigner l'embarcation des rescapés du Déluge !

Les similitudes ne s'arrêtent pas là : Noé s'échoue sur le mont Ararat, Deucalion sur le mont Parnasse. Au lendemain du Déluge, la première chose que font Noé et Deucalion est d'offrir un sacrifice, l'un à Yahvé, l'autre à Zeus.

Et encore : au sortir de l'arche, Noé construit un autel de pierre, signifiant le désir et la nécessité d'élever l'humanité au-dessus de la nature, vers le ciel. En bâtissant ce monticule pierre après pierre sur la « terre restaurée », Noé consacre tous les peuples à une ascension morale. « Pierre par pierre » signifiant homme après homme, chaque homme est l'une de ces pierres, unique, participant à la métamorphose de la Terre.

De même, selon Pseudo-Apollodore, après le Déluge, l'oracle de Thémis ordonne à Deucalion et à Pyrrha de jeter « derrière eux les os de leur grand-mère » afin de repeupler la Terre, Gaïa, grand-mère universelle. Le mot *laas*, en grec, signifie à la fois « pierre » et « peuple ». Les pierres sont les os de la Terre.

Enfin, dans les deux récits, un couple survivant calme la colère d'un dieu qui renonce à en finir avec le genre humain et accepte de repeupler la Terre. Les récits mythiques grecs racontent que la fille de Pandore, Pyrrha, épouse le fils de Prométhée, Deucalion ; Deucalion et Pyrrha mettent au monde Amphictyon, roi d'Athènes, Orestheus, roi des Locriens, et Hellen, l'ancêtre des Hellènes. Selon la Loi juive, l'espèce humaine descend de Noé, de sa femme Naama et de leurs enfants (Sem, Cham et Yaphet) : les Hébreux seraient les descendants de Sem ; les Grecs seraient, selon la tradition juive, les descendants de Yaphet. Le nom même de Yaphet veut dire « beauté » ; les peuples issus de lui cultiveront cette beauté, et les Grecs en seront les premiers représentants ; et Yavan, fils de Yaphet, désigne même précisément les Ioniens, c'est-à-dire les premiers de ceux que les Romains nommeront, bien plus tard, les Grecs.

Ainsi, dans chacun des deux récits, l'auteur du récit, peuple juif ou peuple hellène, est un des descendants précisément identifié du survivant du Déluge.

Un Paradis : Pardès ou Hespérides

L'un et l'autre récit décrivent un lieu idéal où vécurent les premiers hommes et où vivront de nouveau certains d'entre eux après leur mort.

Les deux mots, « Pardès » et « Hespérides », se retrouvent aussi dans l'iranien de l'Avesta, texte sacré du zoroastrisme, premier texte monothéiste, dans lequel *pairidaēza* signifie « enceinte royale ». Ce jardin renvoie sans doute aux « Jardins suspendus » de Babylone, où, selon la légende, les monarques les plus anciens aimaient à converser sur les secrets du monde, même si l'on n'en a aucune trace archéologique et que l'on ne sache toujours pas traduire leur langue, le proto-élamite. Xénophon, dans l'*Économique*, nomme *paradeisos* un jardin qu'un roi perse aurait ordonné de chercher. Les Hébreux, à ce moment captifs à Babylone, y composent le Cantique des cantiques et le livre de Néhémie, où ils utilisent ainsi le mot *Pardess*.

HaPardess en hébreu veut dire le « verger » ; *Hespéris* signifie en grec l'« heure du soir », le

« couchant », autrement dit l'occident. On le désigne aussi en grec ancien par le mot *Paradeisos*, signifiant « parc clos pour des animaux sauvages ». Selon le système d'exégèse hébraïque, *Pardes* est aussi l'« enclos » de l'interprétation du texte sacré ; ses quatre lettres sont les initiales des quatre niveaux de lecture de la Torah : *Pschatt*, *Remez*, *Drash*, *Sod* (sens simple, symbolique, allégorique et secret).

Les auteurs grecs situent généralement le jardin des Hespérides, en Occident, sur les rives océaniques de l'Espagne, à proximité de Lixus, ou entre Tanger et Larache, au Maroc, rives au-delà desquelles se serait engloutie l'Atlantide, patrie d'Atlas, père des Hespérides. Le nom Hespérides viendrait aussi de celui de Vesper, frère d'Atlas.

À l'inverse, la tradition juive place le jardin d'Éden à l'est, à l'orient de l'Orient (Bereshit, II, 8 : « L'Éternel planta un jardin en Éden, *Mikedem* [depuis l'orient]. » On le retrouve à l'ouest aussi : en hébreu, Espagne se dit *Sefarade*, qui s'écrit avec les mêmes lettres que *Pardes*.

Pour les Hébreux comme pour les Grecs, « Pardès » et « Hespérides » désignent aussi un lieu où a été commise une transgression et où, en conséquence, l'homme a cessé d'être immortel.

Dans les deux cas, il y a dans ce jardin un serpent et un arbre singulier : l'arbre du fruit de la connaissance chez les Juifs ; l'arbre aux pommes d'or chez les Grecs. Connaissance pour les Juifs ; beauté pour les Grecs ; pouvoir dans les deux cas.

Chez les Grecs, les Hespérides volent des pommes d'or et entraînent la colère d'Héra, qui envoie un serpent pour les dissuader. Éris, déesse de la discorde, surgit après que Pandore a ouvert la jarre et demande à l'humain Pâris de choisir celle qui mériterait la pomme sur laquelle est écrit : « Pour la plus belle ». Il la remet à Aphrodite, qui lui promet en échange l'amour d'Hélène, la plus belle des mortelles, déclenchant la guerre de Troie. Et les « pommes d'or » du jardin sont en fait, sans doute, une métaphore des oranges d'Espagne.

Chez les Hébreux, au contraire, le serpent est le tentateur. Il parvient à faire manger le fruit défendu à Ève, qui l'offre à Adam, provoquant leur exclusion à jamais de ce jardin.

Le serpent est tentateur dans la Bible ; il est gardien chez Hésiode. Ève donne le fruit défendu à Adam ; Pâris offre la pomme d'or à Aphrodite. Prendre le fruit coûte au premier couple de la Genèse son expulsion de l'Éden et marque le commencement des malheurs des hommes. De même, pour les Grecs, prendre le fruit provoque la guerre de Troie, métaphore des malheurs de l'humanité.

Sacrifier une fille : Iphigénie, fille d'Agamemnon, ou Sheila, fille de Jephté

Ce rapport entre le passé et l'avenir se joue aussi dans le rapport des générations. Les deux cosmogonies privilégient, par certains côtés, les générations présentes sur les nouvelles en autorisant le sacrifice des enfants au bénéfice des pères.

Tout tourne ici, comme pour le sacrifice d'Isaac, autour du sacrifice de ce que l'homme perçoit comme étant ce qui lui est le plus précieux – sa fille ou son fils –, et non plus autour d'un sacrifice de masse comme on en trouve dans les autres civilisations. Ces récits-là sont donc, eux aussi, constructeurs progressifs de l'apologie de l'unité, constitutive de l'homme occidental.

Dans le Livre des Juges (Juges, XI, 30-36), qui apparaît au VIIIe siècle avant notre ère, il est écrit que le roi Jephté (Yiphta'h, « celui qui ouvrira, qui inaugurera ») fit le vœu de sacrifier la première personne qu'il apercevrait à son retour d'une victoire. Et ce fut sa fille ! Dans la mythologie grecque, on trouve une histoire très voisine, reprise plus tard à Athènes par Euripide dans trois de ses pièces : dans *Érechthée*, dont on n'a plus qu'un fragment, ce roi d'Athènes sacrifie sa fille afin de sauver la cité ; dans une autre de ses pièces, *Iphigénie à Aulis*, l'oracle indique à Agamemnon (chef des armées grecques contre Troie) que seul le sacrifice de sa fille Iphigénéia (« qui fait naître une race puissante ») pourra apaiser la colère de la déesse Artémis et faire lever le vent nécessaire à la flotte ; enfin, dans *Iphigénie en Tauride*, Euripide raconte qu'elle est échangée au moment du sacrifice contre une biche et qu'Artémis la transporte en Crimée, où elle deviendra prêtresse de la déesse.

Là encore, le récit juif est antérieur au récit ionien ; le Livre des Juges (écrit entre la fin du VIIIe et le Ve siècle avant notre ère) est antérieur au récit d'Euripide (406 avant notre ère, dernière année de la vie de son auteur). Comment a-t-on pu ne pas souligner non plus, jusqu'à aujourd'hui, la similarité des deux noms, Yiphta'h et Iphigénéia, qui évoquent tous deux la floraison, la naissance, l'ouverture, la force ?

Il existe aussi dans la mythologie grecque au moins une autre histoire du même genre : Idoménée, fils de Deucalion et petit-fils de Minos, aurait conduit les armées crétoises pour assiéger Troie ; à leur retour, leur navire est pris dans une tempête. Pour tenter d'échapper au naufrage, Idoménée fait le vœu que, s'il s'en sort, il offrira au dieu Poséidon le premier vivant qui se présentera à lui sur le rivage de Crète. Or, c'est son propre fils qui apparaît, soucieux d'être le premier à recevoir son père.

Là encore, on trouve une dimension fondatrice de l'Occident, dont les jeunes générations sont sacrifiées au profit des anciens et de leurs privilèges. Dans les deux cas, cependant, le sacrifice des enfants est vécu comme une tragédie, une malédiction imposée par le hasard ou les dieux, pour punir d'avoir joué avec la vie et le destin.

Et, au-delà, dans cette dénonciation du meurtre, une idée bientôt centrale du judaïsme : « Ne pas faire à l'autre ce qu'on ne voudrait pas qu'on vous fasse » – l'altruisme, qui répond à la raison grecque, dans un dialogue plus actuel aujourd'hui que jamais.

Punir les fils par le feu : Nadav et Abihou, fils d'Aaron, ou Icare, fils de Dédale

Ailleurs, les enfants sont punis pour avoir transgressé l'enseignement des pères. L'Ionien Dédale et l'Hébreu Aaron, ayant enseigné à leurs fils l'art de « s'envoler » (métaphore de l'élévation spirituelle), les voient outrepasser les consignes paternelles et en être punis par le feu divin.

Le premier, Icare, fils de l'ingénieux Dédale, fuit la Crète avec son père après l'assassinat du Minotaure par Thésée, aidé par Dédale. Icare n'applique pas les consignes de prudence de son père et s'approche tant du soleil que fond la cire qui fixe ses ailes ; il tombe dans la mer et se noie. De même, Nadav et Abihou, fils d'Aaron, grisés par leur nouvelle fonction de prêtres sacrés, désireux de transgresser les limites du sanctuaire indiquées par leur père, « apportèrent devant le Seigneur un feu profane sans qu'il le leur eût commandé. Un feu s'élança de devant le Seigneur et les dévora, et ils moururent devant le Seigneur » (Lévitique, X, 1-3).

Icare, *Ikkaros*, ramène aussi à un mot hébraïque, *Ikkar*, signifiant « laboureur ». Icare est, selon la mythologie grecque, laboureur et aurait enseigné aux hommes l'art de semer. Étrange parallèle… D'autant plus qu'*ikkar* signifie en hébreu aussi « essentiel » : le labour est le travail essentiel de l'homme.

Cette idée du zèle suicidaire, de la démesure de l'unique, se retrouve à maintes occasions dans le récit hébraïque et dans les textes hellènes. Comme un avertissement : oui, l'homme est unique ; tout ne lui est pourtant pas permis ; et il périra de son narcissisme. Il doit transgresser pour être. Au risque d'en mourir.

Europe grecque ou Europe juive

Tout cela converge dans un continent où viendra plus tard s'épanouir le monde judéo-grec : l'Europe. Pourtant, rien ne s'y passe au moment où se forment ces récits en Judée et en Anatolie. Les Juifs la pensent comme le lieu du couchant : *Erev*, Europe, signifie en effet aussi en hébreu « couchant », « soir », « mélange ». Ils s'y identifient : en « mélangeant » les lettres du mot *Erev*, on obtient *Ever* (« passage »), racine du mot *Ivri* (« Hébreu », celui qui passe, celui qui fait passer, qui transmet). Les Juifs « passent » d'une rive à l'autre de la mer Rouge, d'une rive à l'autre de la Méditerranée. Ils vont vers le couchant.

Selon la mythologie grecque, Zeus enlève une princesse nommée Europe, fille du roi de Tyr, Agénor ; il l'emmène jusqu'en Crète, à Gortyne, où il la viole ; de ces viols naissent trois enfants, Minos, Rhadamanthe et Sarpédon. Minos sera le père de la Loi, Rhadamanthe l'inventeur de la Justice, et Sarpédon le créateur de la Loi du talion. Tous trois se disputent l'amour d'un jeune homme nommé Milétos, qui s'enfuit avec Sarpédon en Carie et fonde la ville de Milet, où naîtra Thalès, inventeur de la philosophie. Europe donne donc naissance aux caractéristiques principales de ce que va être l'Occident. Ce serait également ainsi, on le verra, que serait apparu l'alphabet : le frère d'Europe, Cadmos, est envoyé par Agénor, leur père, pour chercher sa sœur ; la Pythie de Delphes lui prédit qu'il ne la retrouvera jamais, mais, on le verra, selon la même légende, il y apporte l'alphabet.

On trouve encore d'innombrables autres analogies entre la Torah et la mythologie grecque. En voici une liste, non exhaustive : Adonis, dieu des cycles de la vie, que l'on dit d'origine « syrienne », emprunte en fait évidemment son nom à Adonaï, un des noms du dieu des Juifs. Tout comme Cham castre son père Noé, Chronos castre son père Ouranos, tous deux étant désireux de limiter la progéniture de leur père. La chute de Troie reprend la chute de Babel (métaphore de la chute de Sumer, d'Akkad, de l'Élam, de Babylone, d'Assur). La Genèse évoque aussi la chute des Nephilim, créatures mi-célestes, mi-terrestres ; la *Théogonie* d'Hésiode décrit d'une façon parallèle celle des Titans, fils du Ciel et de la Terre.

La tour de Babel s'élevant jusqu'au ciel, comme l'empilement des montagnes Ossa et Pélion sur l'Olympe pour escalader le ciel ; un retournement fatal (Loth et sa femme ; Orphée et la sienne,

Eurydice) ; un enfant sauvé des eaux (Moïse sauvé du Nil, Achille du Scamandre) ; un mensonge (Jacob « le menteur », Ulysse aux « mille tours »). Ésaü le chasseur, le mortel, et Jacob le rusé, l'immortel ; Castor le mortel, le dompteur de chevaux, et Pollux le pugiliste, le demi-dieu. Les exploits de Samson deviennent les travaux d'Héraclès ; et Dalila se retrouve en Déjanire.

Les Hébreux, comme les Grecs après eux, se voient comme une avant-garde, une élite, ayant mission d'apporter au monde les moyens d'une avancée. L'une et l'autre pensée estiment que la raison n'est en rien un obstacle à la foi, et qu'on a le droit de chercher à comprendre le monde sans pour autant cesser de croire aux dieux ou à Dieu.

Les uns et les autres font ainsi surgir la personne humaine, soi et l'Autre, comme réalité première, à protéger, et font du bonheur de l'Autre une condition du sien.

Qui peut croire que tout cela n'est qu'une coïncidence ? Que ces innombrables histoires, destins, métaphores, se sont élaborés séparément, indépendamment de tout contact ? Personne, assurément. Ces histoires, si proches, avec une antériorité juive, dans l'état actuel des connaissances, structurent le destin de l'Occident. Chacune d'elles décrit une valeur qui structure encore aujourd'hui notre inconscient collectif. D'autant plus que rien n'est plus proche que le destin des deux principaux auteurs présumés de ces récits : Moïse et Homère.

CHAPITRE 2

Moïse et Homère : l'unicité dans l'audace

(XIIIe siècle avant notre ère)

Après l'ère des mythes sans auteurs, et alors qu'on ne sait définitivement rien des auteurs des épopées akkadiennes, babyloniennes, comme des Védas indiens, ni de ceux du Livre des morts égyptiens, des récits de la création du monde selon les Hopis, les Dogons, les Finlandais ou tant d'autres peuples, commence, avec Moïse et Homère, une autre ère : celle des textes signés, ou en tout cas attribués à un auteur nommément désigné.

Moïse aurait ainsi écrit la Torah ; Homère aurait composé l'*Iliade* et l'*Odyssée* (nom grec de celui que les Romains nommeront bien plus tard « Ulysse »).

Avec les Hébreux, puis les Grecs, l'histoire du monde est ainsi supposée être écrite par un homme : Dieu aurait dicté son texte à Moïse, et les Muses l'auraient inspiré à Homère. L'homme apparaît ainsi dans sa spécificité majeure : créateur, transgresseur.

La chronologie est importante. Et, encore une fois, l'antériorité juive est établie : la Torah aurait, selon la tradition juive, été écrite au XIIe siècle avant notre ère dans le Sinaï ; l'*Iliade* et l'*Odyssée*, selon la tradition grecque, au IXe siècle en Ionie. L'histoire confirme cette antériorité juive : des textes du VIIIe siècle avant notre ère contiennent des passages de la Torah, alors qu'on n'a de trace de textes attribués à Homère qu'au VIe siècle, puis par un texte du IVe siècle affirmant qu'un certain Hipparque aurait ordonné la récitation à Athènes des textes d'Homère, chaque année, à la fête des Panathénées, « les uns après les autres, sans interruption ».

Distinction majeure : Moïse narre sa propre vie et des événements qui lui sont antérieurs, alors qu'Homère conte les aventures de ses héros, dont Ulysse, qui aurait vécu au moins cinq siècles avant lui. Autre différence importante : alors que le livre de Moïse est immédiatement donné pour « sacré » par son peuple, celui attribué à Homère a toujours été considéré comme profane, même si, dans ses récits, les dieux sont en relation avec des hommes.

Autre différence : les noms. La fille du Pharaon donne à Moïse son nom, qui signifie « sauvé des eaux », parce qu'elle le sauve du Nil. Le nom d'Homère renvoie à « otage », à « celui qui est obligé de suivre ». Et celui d'*Odyssée* dérive d'*odussamenos*, « se fâcher », nom donné à Ulysse par son grand-père maternel, Autolycos (chant XIX de l'*Odyssée*), et en ferait ainsi l'« enfant de la haine ».

Bien des points communs existent cependant entre les deux textes : au moment où, vers – 1250, selon la tradition juive, Moïse et le peuple hébreu traversent la mer Rouge, la flotte grecque se serait lancée à la poursuite d'une princesse grecque, Hélène, qui aurait fui à Troie avec Pâris. La défaite de Troie accouche du destin grec ; celle du Pharaon du destin juif. Homère sera considéré comme le plus grand des poètes grecs ; Moïse sera désigné comme le plus grand des prophètes du peuple juif.

En fait, Moïse et Homère sont sans doute aussi imaginaires l'un que l'autre : un seul homme n'a pu écrire les 16 000 vers de l'*Iliade* et les 12 000 de l'*Odyssée* ; et un autre n'a pu non plus écrire les 5 845 versets de la Torah. De plus, l'un et l'autre récit ne sont pas historiquement établis. On sait seulement que des Grecs achéens chassés du Péloponnèse à la fin du IIe millénaire s'installent en Ionie, puis reviennent en partie dans le Péloponnèse au XIIe siècle sous le nom d'Hellènes. Ils fondent des villes en Grèce continentale, parmi lesquelles Athènes, dont le roi, Thésée, devient ensuite le héros national des Ioniens. Au XIe siècle, ces Ioniens fondent sur les côtes d'Asie Mineure des cités florissantes, dont Troie, et sont ensuite attaqués par des Grecs. De même, l'existence des Juifs en Égypte au IIe millénaire avant notre ère est établie. Mais l'histoire que racontent l'*Iliade* et l'*Odyssée* n'est en rien établie. De même, côté juif, l'existence de Moïse, de Josué, des Juges et du roi Saül n'est pas attestée par l'archéologie ; l'existence de David, le fils de ce dernier, n'est pas non plus attestée de son vivant, mais seulement affirmée plus tard comme étant le « fondateur de la Maison de David ».

Chacun un voyage

La Torah raconte les quarante années d'errance de Moïse et du peuple juif retournant vers la Terre promise. L'*Iliade* et l'*Odyssée* racontent les quarante-deux derniers jours de la guerre de Troie et le retour puis l'errance d'Ulysse jusqu'à sa terre d'origine. Ces deux voyages, s'ils ont eu lieu, sont contemporains.

Moïse serait né en Égypte, c'est-à-dire à l'orient de l'Occident ; Homère en Ionie, c'est-à-dire à l'occident de l'Orient.

Quelques jours suffisent aux Hébreux guidés par Moïse pour s'échapper d'Égypte, où ils résident depuis deux cent dix ans ; quelques jours suffisent aux Grecs pour organiser la chute de Troie, ville pluricentenaire. Moïse et Ulysse reviennent l'un et l'autre d'où ils sont partis. Le peuple juif se met en marche vers Canaan, qu'il lui faudra quarante années pour atteindre. Ulysse s'élance par la mer vers Ithaque, qu'il lui faudra plus de dix années pour rejoindre. Les quarante-deux jours que dure l'*Iliade* renvoient aux quarante-deux étapes du voyage du peuple juif à travers le désert du Sinaï (selon la dernière parasha du livre des Nombres).

Moïse erre dans un désert ; Ulysse sur la mer. Moïse guide son peuple ; Ulysse guide ses hommes.

Le voyage vers le Sinaï se fait en traversant la mer ; le voyage vers Ithaque se fait à la surface de la mer. Il a fallu que les Juifs soient « dans » l'Égypte pour pouvoir en sortir, cette pénétration étant nécessaire à l'enfantement du peuple libre ; Ulysse s'échappe de l'enfer de Troie et de sa pénétration par le cheval.

Dans les deux cas, les compagnons des deux chefs s'insurgent contre le voyage qu'ils leur imposent et leur demandent : « Que faisons-nous ici ? »

Chacun un handicap

Selon la tradition juive, Moïse est bègue. « Moïse dit à Dieu : "Je t'en prie, Seigneur, je ne suis pas doué pour la parole, ni d'hier, ni d'avant-hier, ni depuis que tu parles à ton serviteur. J'ai la bouche lourde et la langue lourde» (Exode, IV, 10-16). Il bégaie depuis l'enfance, parce qu'il pense plus vite qu'il ne parle, et parce qu'il se pense incapable d'accomplir la mission que Dieu lui confie. Il laisse son frère Aaron parler à sa place. Si Dieu choisit un bègue, c'est pour établir que ce n'est pas l'éloquence du messager qui convainc le peuple, mais bien le message.

De même, sans doute, pour Homère : selon la tradition grecque, il est aveugle. Dans *L'Hymne à Apollon*, qui lui est attribué, il se décrit ainsi : « C'est un aveugle, qui réside à Chios la rocailleuse. »

Ces infirmités majeures auraient dû les empêcher de tenir leur rôle : comment être un chef quand on est bègue ? Comment témoigner de l'Histoire si l'on est aveugle ?

Et pourtant, Dieu « parle » par Moïse, et les Muses « voient » par Homère. Le bègue est éloquent ; l'aveugle est clairvoyant. Dans la mythologie grecque, l'aveugle est capable d'entrer « autrement » en contact avec les dieux ou les morts. Pour cette raison, les poètes sont très souvent dits aveugles. La cécité est un indice de l'inspiration divine : Tirésias et Œdipe en sont des exemples. La cécité est une voie pour décrypter les secrets de l'âme humaine, décrire les cauchemars intérieurs, les désirs les plus inavouables, les fantasmes, les monstres qui habitent et hantent chaque homme. On ferme les yeux pour oser.

Dans les deux cas, le handicap est un moyen d'affirmer une supériorité par une fragilité, un dépassement par un manque.

C'est aussi un appel à la transgression, au dépassement, un moyen pour l'homme de faire ce qui lui est *a priori* impossible.

Chacun une transgression

Les deux œuvres racontent une libération et un retour à la terre d'origine. Ulysse, le héros qui se libère ; Moïse, le héros qui libère son peuple. L'un et l'autre sont des symboles de l'audace, de l'ambition humaine, défiant les dieux et Dieu, voulant rester avec les leurs, jusqu'à la transgression. Malgré l'environnement divin, c'est bien l'homme qui se construit. C'est de la maîtrise de son destin, par la foi et la raison, qu'il s'agit.

Pendant que Moïse libère son peuple de l'esclavage en enfreignant toutes les règles de sa vie passée, Ulysse, raconte Homère, part libérer Hélène de son amour coupable. Le Grec, comme l'Hébreu, ose, voyage et l'emporte, établissant lui aussi la supériorité du nomade sur le sédentaire, de l'individu sur le groupe.

Pour Moïse, la liberté s'acquiert par l'insoumission aux lois des Égyptiens ; pour Ulysse, par l'insoumission à la volonté des dieux et du destin. Dans les deux cas, c'est par la résistance aux dieux et le refus de devenir, comme eux, immortel : Ulysse renonce à Calypso, et à l'immortalité, préférant la destinée d'homme. Dieu offre à Moïse l'immortalité, alors que celui-ci insiste pour participer à l'histoire des hommes.

Dans les deux cas, une fois de plus, c'est en transgressant ce qu'on lui impose qu'un héros gagne sa liberté.

L'humanité ne commence, raconte la Genèse, que parce que l'homme transgresse les interdits ; et elle se poursuit avec bien d'autres transgressions des lois édictées par Dieu. L'Être apparaît par la désobéissance. Le mot *Ever* (qui va donner « hébreu ») veut d'ailleurs dire à la fois « frontière » et « transgression ». En hébreu, *hodesh*, qui signifie « mois » (lunaire), désigne aussi le nouveau, car la lune se renouvelle et donne son rythme au mois. Et si, dans le *Qohelet*, il est écrit : « Rien de nouveau sous le soleil », c'est justement parce que le nouveau prend sa source au-dessus du soleil : la liberté, c'est de sortir du cadre, d'être déviant. Tout le texte de la Torah fait donc l'apologie d'une certaine déviance. L'homme, libre pour servir Dieu, est protégé par des lois divines des risques que lui font courir ses propres passions. La vie de chaque être devient sacrée. On abandonne la pratique des sacrifices humains. Le travail prend son sens et sa valeur.

De même, certains mythes grecs tournent autour de la déviance, de la désobéissance, de la transgression, des dieux et des hommes. C'est là qu'ils trouvent leur grandeur, leur unicité, leur raison d'être...

Cette apologie de la transgression fera, un jour, l'essentiel de l'Occident, en ce qu'elle permettra à l'homme qui l'accepte de chercher, sans limite, à comprendre le monde avec sa raison, sans craindre les interdits divins ou la découverte de vérités qui contrediraient les exigences de la foi. Pour les Juifs comme pour les Grecs, la liberté ne peut contredire la foi.

Pour Moïse comme pour Homère, enfin, la vie humaine mérite d'être protégée. L'Autre est sacré. Tuer n'est plus acceptable hors de la légitime défense. L'Autre surgit du néant. Et l'Autre, c'est l'Occident.

Chacun une reconquête

L'ambition de Moïse est de reconquérir la liberté de son peuple ; celle d'Ulysse est de retrouver la sienne et celle de ses compagnons de voyage.

Moïse cherche à reconquérir une Terre promise occupée par des envahisseurs, des « prétendants ». Ulysse, lui, cherche à reconquérir son fils, sa femme et Ithaque, paradis domestique, terre promise. Ulysse reconquiert Pénélope contre les cent huit prétendants, comme Josué reconquiert la terre des douze tribus de ses aïeux.

L'ambition grecque est que tous les Grecs retournent chez eux, comme Ulysse et ses compagnons. L'ambition juive est que tous les Juifs retournent en Canaan, comme les compagnons de Moïse. Le judaïsme se fonde sur l'altruisme, l'hellénisme sur la raison. La liberté de l'individu passe d'abord par celle du peuple pour les Juifs ; la liberté du peuple passe d'abord par celle de l'individu pour les Grecs. Moïse libère son peuple, dont tous les membres deviendront des individus libres. Ulysse se libère lui-même et représente le futur citoyen grec, fondement d'une société libre, qui présuppose la démocratie athénienne. Moïse est le libérateur du peuple, qui présuppose la théocratie démocratique de Jérusalem.

L'un et l'autre voyagent vers la reconnaissance de l'Autre et vers l'unité du monde.

CHAPITRE 3

Naissance de l'alphabet : l'unicité dans l'écriture

(du XVIIIe au Xe siècle avant notre ère)

Au moment où se forment ces cosmogonies, apparaît, dans cette même région minuscule, une innovation majeure, d'une importance capitale pour l'humanité, nouvelle étape dans la constitution de l'unité : l'alphabet, instrument d'écriture commun à tous les mots d'une langue, et même, ensuite, à plusieurs langues. Alors que, jusque-là, à chaque mot de chaque langue était attribué un signe, on pourra désormais écrire tous les mots avec seulement quelques signes. Cela va considérablement faciliter l'apprentissage de la lecture et de l'écriture, et constituer un formidable accélérateur de l'unification de l'espèce humaine, au moins organiser le rapprochement de ceux qui l'utilisent.

Là encore, l'histoire de l'émergence de l'alphabet est largement judéo-grecque. Et, une nouvelle fois, d'abord juive, puis grecque. Dans l'état actuel du savoir archéologique, le premier alphabet serait en effet apparu dans le Sinaï au XVIIIe siècle avant notre ère ; il aurait été inventé – ou au moins utilisé en premier – par des esclaves sémites au service des pharaons, sans doute hébreux. Et c'est d'ailleurs un ancêtre parfaitement identifiable de l'alphabet hébraïque, qui apparaît sept siècles plus tard.

Dix siècles plus tard apparaît l'alphabet grec, si proche de l'alphabet hébraïque qu'il devrait être aujourd'hui évident pour tous qu'il en découle, même si beaucoup continuent d'en attribuer l'invention à des « Phéniciens », comme furent appelés bien plus tard les marins et les commerçants du Levant.

Généalogies des alphabets

Dans l'état actuel des recherches, on peut établir une généalogie relativement précise de l'émergence des alphabets. Les premiers signes d'écriture apparaissent à Sumer en 3000 avant notre ère ; on y note d'abord des nombres, pour compter les récoltes, les tributs, les impôts. Cinq siècles plus tard, dans la même région, apparaissent deux autres systèmes d'écriture permettant d'exprimer, en plus, des mots : le cunéiforme en Babylonie et le hiéroglyphique en Égypte.

Huit siècles plus tard, vers 1700 avant notre ère : nouvelle révolution, toujours dans la même région. On n'en connaît pas l'auteur, sinon qu'on en trouve une première trace dans des graffitis sur les murs des mines de turquoise du Sinaï, à Sérabit el-Khadem (la « montagne du serviteur »), propriété des pharaons de la fin du Moyen Empire ; des « travailleurs asiatiques » y sont, selon l'hypothèse la plus probable, des esclaves hébreux. On y a en effet trouvé, au début du XXe siècle de notre ère, des signes particuliers gravés vers 1700 avant notre ère sur les parois rocheuses : ils ressemblent aux caractères hiéroglyphiques égyptiens, mais tracés de manière simplifiée. En déchiffrant ce texte, on a établi que ces signes constituent une écriture alphabétique. Elle recourt au moins à vingt-trois signes distincts, chacun désignant en fait le premier son du mot que représente le caractère alphabétique. Par exemple, une tête de bœuf représente la consonne désignant cet animal en sémitique : *aleph*. Et chaque mot est composé par la succession des signes nécessaires pour l'exprimer. C'est donc un premier alphabet consonantique. On établit aussi que ces signes sont écrits de la droite vers la gauche : du levant vers le couchant du soleil. Les voyelles sont notées par des signes, et non par des lettres.

Trois siècles plus tard, soit en 1500 avant notre ère, plus au nord, sur la côte syrienne, sur le site de Ras Shamra, aux abords de la ville d'Ougarit, on utilise le même alphabet protosinaïtique. Les scribes de la ville, qui devaient être initiés à plus de huit langues et transcriptions, ont probablement été incités à utiliser ce système plus efficace pour compter, répertorier, inventorier et faire connaître les lois. Vers le XIIe siècle avant notre ère apparaissent les premiers signes d'écriture en Chine, gravés sur des écailles de tortue, et en Inde, avec l'écriture encore indéchiffrée de la civilisation de l'Indus.

Dans le monde grec, rien de tel encore. Un siècle plus tard, à Cnossos, en Crète, apparaît ce qu'on nomme le linéaire B – après le linéaire A, apparu au même endroit bien des siècles auparavant, et qu'on ne sait toujours pas déchiffrer. Le linéaire B, comme le A, n'est pas un alphabet, mais un ensemble de près de deux cents signes, divisés en symboles « syllabiques » (ayant probablement une valeur phonétique) et en « logogrammes » (ayant une valeur sémantique).

Par ailleurs, l'évolution de l'alphabet continue en Asie Mineure, sur la côte méditerranéenne, sans atteindre encore le monde grec. En 1000 avant notre ère, à Byblos, on trouve sur une épitaphe d'Ahiram un texte utilisant un système d'écriture dérivé de l'alphabet de Sérabit. En 1000 avant notre ère, en Judée, sur le site d'Izbet Sartah, on trouve sur deux fragments d'une jarre un texte utilisant des lettres d'un autre alphabet sémitique, très proche du premier (texte dont le style énigmatique conduit à penser qu'il s'agit vraisemblablement d'un exercice d'écriture). À la même date, en Judée, à Khirbet Qeiyafa (assimilé à la ville biblique de Sha'arayim), un tesson portant un autre texte confirme qu'à cette époque les scribes de ce petit village écrivaient déjà avec un autre alphabet, dérivé de l'alphabet protosinaïtique et proche de l'alphabet hébraïque d'aujourd'hui. Et l'on y trouve, écrits dans cet alphabet, les premiers textes de la

Torah (Psaumes 111, 112, 119 ; Pr., XXXI, 10-31 ; Lamentations 1, 2, 3, 4).

Ces textes sont tous, comme ceux utilisant le premier alphabet protosinaïtique, consonantiques et écrits de droite à gauche, du levant vers le couchant. Même si, pour les Hébreux, tout commence au couchant ; la journée commence par le crépuscule pour s'achever avec l'aube ; le couchant est un prélude au levant (*Vayehi Erev, Vayehi Boker* : « ce fut soir, ce fut matin », dit la Genèse).

Le mythe « phénicien »

L'évolution de l'alphabet continue : un nouvel alphabet, très proche, comme tous les autres, de l'alphabet protosinaïtique et des alphabets sémitiques qui en découlent, apparaît en Ionie. Les Ioniens, puis les Grecs du Péloponnèse, l'intègrent à leur culture, à leur mode de pensée. Et, comme ils le feront pour la plupart des mythes méditerranéens et moyen-orientaux, ils le modifient pour le rendre plus universel. En quelques siècles, ils apportent en particulier cinq changements visant à simplifier la lecture et l'écriture, et donc à élargir le nombre des utilisateurs de cet alphabet :

• Ils changent le nom des lettres. Alors que les lettres sémitiques sont encore désignées par les mots auxquels renvoient les hiéroglyphes originels, le nom des lettres ioniennes, qu'on dira ensuite grecques, très proche de la sonorité des lettres sémitiques, n'a aucun sens en grec : « Aleph » devient « Alpha », « Beth » devient « Bêta », « Guimel » devient « Gamma ».

• Ils font des voyelles des lettres à part entière, et non plus seulement des signes attachés aux consonnes, et réutilisent pour les noter les symboles des consonnes sémitiques gutturales, qu'ils n'utilisent pas.

• Ils ajoutent cinq lettres après le T (tav), dernière lettre de l'alphabet sémitique : upsilon, khi, psi, phi, oméga.

• Au Ve siècle avant notre ère, à Athènes, un des dirigeants de la ville, Archinos, préoccupé du confort des lecteurs plus que de celui des scribes, et pour se distinguer définitivement de toute influence sémitique, impose, pour les documents administratifs et juridiques, l'écriture dextroverse, de gauche à droite.

• Ils changent progressivement la forme des lettres, les font pivoter, modifient leur ouverture et leur direction. Diodore de Sicile précisera plus tard : « Contre ceux qui affirment que les Syriens ont inventé les lettres de l'alphabet et que les Phéniciens, après les avoir apprises, les transmirent aux Grecs, les Crétois disent que ceux-ci n'inventèrent pas à l'origine les lettres, mais qu'ils changèrent seulement la forme des signes. »

Même si les lettres grecques sont incroyablement proches dans leur calligraphie et leur phonie de l'alphabet hébraïque, les Hellènes expliqueront alors que cet alphabet est l'invention de mystérieux « Phéniciens ». Or, ce terme ne désigne pas un peuple : les Hellènes nommeront ainsi bien plus tard tous les marchands, marins, comptables, avec lesquels ils commercent en Ionie et dans les îles de la mer Égée. Ces gens vivent dans les cités côtières à l'est de la Méditerranée : Ashkelon, Dor, Tyr, Sidon, Beyrouth, Guébal (Byblos)… Chacun de ces ports dispose de ses propres institutions, religieuses, politiques, commerciales.

D'ailleurs, ces « Phéniciens » ne se sont jamais identifiés eux-mêmes ainsi ; ils se nomment entre eux « Cananéens » (*Canaan* veut dire « commerce ») et se distinguent par leurs cités d'attache : Tyriens, Sidoniens, Arcadiens, Giblites…

Le mot « phénicien », qui apparaît bien plus tard en grec, signifie « rouge sombre ». On en connaît encore mal le sens exact : renvoie-t-il à la couleur de leur peau ? À celle de leurs cheveux ? On les disait aussi seuls capables d'extraire du murex, teinture pourpre qui faisait leur fortune. C'est en tout cas par ces « Phéniciens » que l'alphabet « sémitique » arrive dans le monde grec, c'est-à-dire en Ionie, puis dans le Péloponnèse.

Selon un mythe que les Grecs ont imaginé pour s'approprier cette invention si majeure, Cadmos, parti à la recherche de sa sœur, la princesse Europe, aurait offert aux Grecs les lettres de l'alphabet en reconnaissance pour lui avoir laissé la vie sauve. L'historien Hérodote écrira plus tard : « Pendant le séjour que firent en ce pays les Phéniciens, qui avaient accompagné Cadmos, frère d'Europa, et au nombre desquels étaient les Géphyriens, ils introduisirent en Grèce plusieurs connaissances et entre autres des lettres, qui étaient, à mon avis, inconnues auparavant dans ce pays. Ils les employèrent d'abord de la même manière que tous les Phéniciens » (Hérodote, II, 59). L'historien romain Pline cristallisera la légende en affirmant, beaucoup plus tard : « Le peuple phénicien a l'insigne honneur d'avoir inventé les lettres de l'alphabet. »

Il est possible que cette légende dissimule la reconnaissance masquée par les Grecs de l'origine sémite de l'alphabet : le nom de Cadmos dérive en effet, pour certains, de l'hébreu *Quodem*, qui signifie à la fois « avant » et « il y a longtemps », et également l'Orient, qui précède l'Occident. On peut y voir, peut-être, l'aveu grec de l'origine sémitique de son propre système d'écriture.

En Judée, l'écriture se répand en tout cas très vite : vers – 850, soit bien avant qu'on ait la moindre trace de lettres grecques, on trouve une stèle écrite avec des caractères alphabétiques sémitiques, dans laquelle il est question de « Yahveh » et du roi David.

Là encore, comme une antienne, on retrouve un des moteurs essentiels, sinon le seul, de la dynamique judéo-grecque : créer les conditions de l'échange d'idées, de la discussion, de la critique, pour faire triompher la connaissance et la raison, répertorier, compter et faire connaître les lois. Pour que le plus de gens possible participent au grand dialogue de l'humanité, en quête d'elle-même. L'alphabet est, lui aussi, une formidable victoire de la raison sur l'aveuglement. Pas nécessairement sur la foi.

Et, là encore, avec l'alphabet apparaît une nouvelle dimension de l'importance de l'Autre. Chacun a intérêt à ce que l'Autre le connaisse aussi pour échanger avec lui. L'alphabet permet de faire l'expérience concrète de l'importance de l'altruisme. Aussi est-il enseigné, dans le monde juif, à tous les enfants.

L'araméen, le latin et autres langues

Bientôt, le système alphabétique se répand dans la région et au-delà. Même si les Juifs n'en font aucune propagande, certaines langues commencent à utiliser leur alphabet. En particulier, la langue araméenne, proche de l'hébreu, utilise le système alphabétique écrit de droite à gauche, dérivé de l'alphabet protosinaïtique. Elle devient au Ve siècle langue générale de l'Empire perse, de l'Afghanistan et des bords de l'Inde au sud de l'Égypte, au nord de l'Arabie saoudite, à la Judée et au Liban.

Les Étrusques et les Latins s'en emparent à leur tour ; le nom des lettres se réduit même pour eux à leur initiale : Alpha devient « A », Bêta « B »… C'est cette version qui va se généraliser. Ce sont ces lettres que nous utilisons encore aujourd'hui.

L'hébreu et le grec comptent ainsi parmi les rares langues antiques à avoir résisté au temps, chacun avec sa propre stratégie. Le grec doit sa persistance à l'hellénisation du monde ; l'hébreu, au contraire, a perduré, contre vents et marées, sans esprit de conquête. Pour l'un, la survie passe par l'unité du monde en englobant les pensées des autres, par la constatation orgueilleuse et sereine de l'évidence de l'unité, telle que par soi voulue. Pour l'autre, elle passe par une spécificité jalousement protégée, constatation tout aussi orgueilleuse et sereine de l'évidence de l'unicité de Dieu, telle que voulue par son peuple.

CHAPITRE 4

L'unicité par la raison et la foi : Thalès et Josias

(du Xe au VIIe siècle avant notre ère)

Deux mondes parallèles : Judée et Ionie

Au temps des Patriarches bibliques et à celui des Juges succède celui des rois d'Israël et de Juda. Là commence l'Histoire, sous le contrôle des hommes ; car les rois sont des hommes et ils n'avancent que dans la transgression des lois que Dieu leur a données. Là continue le fascinant dialogue entre Ionie et Judée.

En Ionie, à ce moment, de puissantes cités se sont constituées et vivent dans les interstices des empires sédentaires de l'Est, qui les utilisent comme débouchés maritimes de leurs productions agricoles. Alors que les terres fertiles de l'intérieur sont aux mains des Méoniens, des Lydiens et des Cariens, les Ioniens occupent les côtes. Selon certains récits mythologiques, un fils d'Europe, neveu de Cadmos, Sarpédon, fonde avec « son amant Milétos » la cité de Milet ; d'autres récits attribuent plutôt cette fondation ainsi que celle de onze autres cités de la dodécapole sur le continent et les îles voisines – Chios, Éphèse, Érythrée, Clazomènes, Colophon, Lébédos, Myonte, Phocée, Priène, Samos et Téos – à Nélée, un fils du roi d'Athènes. Plus tard, certaines cités ioniennes, Milet au premier chef, fondent des dizaines de cités autour de la mer Noire, et même, pour Phocée, au sud de la France actuelle. Chacune de ces cités ioniennes a son propre gouvernement et sa propre organisation sociale. Leurs populations partagent une langue commune, qu'on nommera plus tard grecque, et un sanctuaire religieux commun, le Panionium, à Priène, au nord du mont Mycale. Les peuples du Moyen-Orient désigneront d'ailleurs toujours les Grecs par le terme *Yunan*, dérivant du perse *Yauna*, lui-même emprunté au grec Ἰωνία (Iônia), qui désigne la côte ouest de l'Asie Mineure.

Sans doute faut-il trouver dans le caractère maritime de ces cités la source de ce bouillonnement intellectuel. La mer demande en effet une connaissance rationnelle des résistances physiques aux éléments climatiques et une capacité au calcul des positions ; la mer est porteuse de sagesse ; elle « transmet » tout ce que l'homme peut produire de matériel, de rationnel ou de spirituel. Sur le pont des bateaux, en fond de cale, dans les ports et dans les tavernes, les marins se passent les mots, des plus rustres aux plus sophistiqués. La mer transmet un sens de la survie sans équivalent. Les marins diffusent le savoir de ceux demeurés sur les terres, auquel ils ajoutent leur propre foi en une force supérieure qui ne cesse de les tirer d'embarras. Les ports sont le lieu de passage ; on s'y échange les comptes rendus de chacune des cultures en jeu, des contes, des sagesses ; le savoir des marins oblige à la connaissance des astres, des courants, des vents, des techniques diverses de navigation, de résistance des matériaux, coques, voiles, cordages, mais également de résistance physique.

C'est de fait en Ionie que les connaissances techniques des marins deviennent de la science : ils sont à la fois héritiers d'une manière d'être ancrée dans les récits mythologiques et à l'aube d'une nouvelle manière d'être fondée sur la raison et l'expérience. Pour les chefs des cités ioniennes, leur modèle est le modèle idéal du genre humain. Leur mission est d'amener le reste du monde à « penser en grec ». Convaincus de leur supériorité et certains de la victoire, ils ne veulent pas pour autant détruire les visions des autres : dans l'Olympe, les dieux des peuples vaincus cohabitent avec les dieux grecs, prenant des patronymes grecs.

Les Ioniens rendent ainsi ionien le monde à l'entour ; leur civilisation est conquérante et colonisatrice, mais bien différemment des civilisations qui l'ont précédée ; leur conquête n'est pas fondée sur la nécessité de s'agrandir et d'accroître leurs populations, main-d'œuvre, richesses, mais sur un désir d'imposer aux autres un esprit, une mentalité, une culture, un idéal, une vision du monde. Les Ioniens s'intéressent à ce qu'on nomme aujourd'hui la cosmologie, la physique, la théorie de la connaissance et la logique. Ils cherchent à expliquer à partir d'une cause unique l'univers (le « cosmos »), sa formation et les éléments qui le constituent.

La Judée est alors un royaume unifié et florissant. On prête au roi Salomon, fils du roi David, la construction du Temple et l'apologie de l'altruisme et de la raison. Selon son discours lors de l'inauguration du Temple, il aurait expliqué que le peuple juif ne peut être heureux tant que les soixante-dix peuples qui l'entourent ne sont pas heureux avant lui. Encore une fois, l'altruisme, au cœur du judaïsme. « Dis à la sagesse : “Tu es ma sœur”, et appelle la raison : “Mon amie” ! » Ce proverbe, qui lui est attribué (Proverbes, VII, 4), détermine la position du judaïsme, dès ses débuts, vis-à-vis de la raison, nommément citée, et de la science, alors nommée « sagesse ». Pour les Juifs, la raison est une expression de l'intelligence donnée aux hommes par Dieu.

Lorsqu'en – 931 meurt Salomon, il est presque certain qu'il existe déjà des versions intégrales des cinq livres de la Torah et qu'en circulent des exemplaires.

Un schisme éclate alors au sein du peuple juif : dix des douze tribus se rassemblent dans le nord et forment un « royaume d'Israël », dont la capitale est d'abord Sichem, puis Samarie. Vers – 800, Jéroboam Ier, roi d'Israël, érige un veau d'or à Béthel. On y trouve aussi des fragments des Psaumes datant de – 750. En – 722, le royaume tombe sous les coups d'envahisseurs assyriens ; ses habitants sont exilés à Ninive, capitale de l'Assyrie.

Pendant ce temps, les deux dernières tribus, celles de Juda et de Benjamin, forment autour de Jérusalem un « royaume de Juda » où le temple construit par Salomon semble bien exister encore. Ce royaume devient aussi un lieu d'adoration d'idoles assyriennes, babyloniennes, égyptiennes, sumériennes, en même temps que de Yahvé ; des inscriptions datant du VIIIe siècle, trouvées dans le nord-est du Sinaï, alors situé dans le royaume de Juda, font référence à la déesse Ashera comme à l'épouse de Yahvé. En réponse à ces profanations, des prophètes annoncent des châtiments divins. Autour de 700 avant notre ère, un roi nouveau, Ézéchias, détruit les lieux de culte païens. Trente ans plus tard, son fils Manassé, qui régnera cinquante-cinq ans, accepte le joug de l'Assyrie, qui domine alors du Tigre au Nil ; il restaure des autels du dieu dans le temple de Salomon.

On ne sait presque rien des relations qu'ont entretenues entre le Xe et le VIIe siècle le royaume de Juda et les cités ioniennes, pourtant distants de moins de mille kilomètres à vol d'oiseau. La totalité des spécialistes jurent même, sans preuve, qu'ils ne communiquent toujours pas. Avec aussi peu de preuves, nous sommes convaincus du contraire.

En ce VIIe siècle, on a en tout cas trace de la revendication explicite par l'une et l'autre pensée de leur recherche de l'unité : unité de Dieu pour l'une ;

unicité des causes pour l'autre. Unité de l'instrument d'échange pour les deux : la monnaie.

Dans les deux mondes, à cette époque, des personnalités extraordinaires, dont l'existence est établie, imposent cette quête de l'unité : Josias, Osée, Amos, Ovadia, Joël, Michée, Na'hum, Habacuc, Sophonie, Aggée, Zacharie et Malachie dans le royaume de Juda ; Thalès, Anaximandre, Pythagore, Xénophane, Héraclite dans les cités ioniennes.

Pour l'un et l'autre, de nouveaux occupants

Dans le dernier tiers du VIIe siècle, alors qu'en Béotie, un peu plus loin, Hésiode compose sa *Théogonie*, deux nouvelles puissances surgissent dans la région : la Chaldée et la Médie. Elles envahissent l'Empire assyrien et détruisent sa capitale, Ninive. Le pharaon égyptien Nékao II en profite pour envahir le royaume de Juda. En défendant ce dernier contre les troupes du pharaon, le roi Josias est tué en – 608 à Megiddo ; son fils Joachaz devient roi.

En – 605, le roi de Chaldée, Nabuchodonosor II, reprend la Judée et en chasse les Égyptiens ; le roi suivant de Judée, Joaïakin, se rebelle contre Nabuchodonosor et meurt au combat en – 598. Les Chaldéens déportent alors 10 000 des 75 000 Juifs de Judée.

Dix ans plus tard, en – 589, malgré les avertissements du prophète Jérémie, le nouveau roi de Judée,

Sédécias, s'allie encore à l'Égypte contre la Chaldée. Les représailles sont plus terribles. En – 586, Jérusalem tombe et les soldats babyloniens incendient le Temple ; une autre partie de la population juive est dispersée dans l'Empire chaldéen. Les rabbins de Chaldée expliquent alors que les troupes chaldéennes ont été envoyées par Dieu pour punir les rois juifs de leurs blasphèmes.

Cinquante ans plus tard, en – 538, les Perses achéménides prennent leur revanche sur l'Empire chaldéen. Leur roi, Cyrus II, permet alors aux Juifs de revenir en Judée, dont il fait une province de l'Empire perse, et autorise la reconstruction du Temple ; mais très peu de Juifs y reviennent.

En Judée, Josias ou l'unité par la foi

À la fin du VIIe siècle, à Jérusalem, Josias, 16e roi de Judée, petit-fils de Manassé, restaure le culte d'un Dieu unique. Selon le récit qu'en donne un peu plus tard dans la Torah le deuxième livre des Rois (voir 2 Rois, 22-8), il ordonne en – 622, pendant la dix-huitième année de son règne, la restauration du Temple de Salomon, alors en déshérence ; au cours de ces travaux, le grand prêtre, Helcias, trouve un manuscrit du cinquième livre de la Torah, « Devarim », qu'on nommera plus tard « Deutéronome » (« deuxième loi », « répétition de la Loi »). C'est le livre de la proclamation publique de l'unicité du

Dieu. Il semble qu'on en avait alors perdu la trace depuis longtemps et que l'exemplaire trouvé aurait été caché deux siècles plus tôt dans les soubassements du Temple pour échapper aux rois précédents, « brûleurs de Torah ».

Bouleversé par la lecture de Devarim, le roi Josias en organise une récitation publique dans le Temple et fait démolir le veau d'or érigé trois siècles plus tôt à Béthel par le roi Jéroboam Ier. Il ordonne au peuple de célébrer la fête de Pessah et fait proclamer les versets du « Shema Israël » (« Écoute Israël, l'Éternel notre Dieu, l'Éternel est Un »), tiré du Devarim. Plus précisément, selon le livre des Rois, Josias « ordonna [...] de retirer du sanctuaire de YHWH tous les objets de culte qui avaient été faits pour Baal, pour Ashera et pour toute l'armée du ciel [...]. Il supprima les faux prêtres que les rois de Juda avaient installés et qui sacrifiaient [...] à Baal, au soleil, à la lune, aux constellations et à toute l'armée du ciel. [...] Il démolit la demeure des prostituées sacrées, qui était dans le temple de YHWH [...] ». C'est à ce moment aussi qu'est écrite la deuxième partie du livre d'Isaïe (le « Deutéro-Isaïe »), qui se moque des dieux babyloniens. La prophétesse Houlda le prévient que, malgré son action, Dieu a condamné le royaume de Juda à disparaître, parce que le polythéisme y persiste encore, mais que Josias mourra avant ce malheur.

À la lumière de ces événements, Josias peut être considéré comme le refondateur du monothéisme, qui impose de nouveau YHWH comme Dieu unique, et non plus comme Dieu suprême, seulement supérieur aux autres.

La pratique religieuse ne semble pas alors consister dans l'obéissance aveugle à une foi irrationnelle, mais au contraire dans l'obligation sans cesse répétée de chercher, de discuter.

Le judaïsme admet alors avoir besoin de la science. Pour calculer les néoménies, il faut manipuler les lois de l'astronomie ; pour calculer les dates de la chmitta – le repos de la terre la septième année –, il convient d'être expert en botanique ; pour ce qui est des lois de la ch'hita – l'abattage rituel –, la science vétérinaire est requise ; en ce qui concerne les lois de la kashrout, les connaissances dans le domaine zoologique doivent aller au-delà du superficiel.

L'exégèse rabbinique est dès lors fondée sur des principes parfaitement assimilables à ce que seront les principes scientifiques : elle cherche aussi à bâtir des ponts entre des choses sans rapport entre elles pour atteindre à l'unité.

Ceux qui mènent ces études sont alors appelés « talmid Hakham », étudiants de la sagesse ou chercheurs de sagesse, ce qu'on peut traduire littéralement en grec par « philo-sophoi », que l'on va rencontrer maintenant.

En Ionie, Thalès ou l'unité par la raison

Pendant ces VIIe et VIe siècles si agités politiquement, à mille kilomètres de là, surgissent en effet d'autres explorateurs d'une cause première des choses. Pour eux, cette cause ne réside pas dans un Dieu unique, mais elle est à chercher par la raison. Ils transforment pour cela les dieux en concepts et leurs caprices en causes. Ils attaquent ainsi de front la diversité du mythologique, tout comme le judaïsme attaque alors celle du polythéisme, l'un et l'autre avec un succès mitigé.

Étonnante concentration de grands esprits dans cette minuscule région : de Thalès, qui y serait né aux alentours de 625 avant notre ère, à Démocrite, vers – 460, des dizaines de grands penseurs viennent y bousculer radicalement la conception dominante du monde.

La plupart de ces auteurs vont écrire des « Peri Phuseôs » (traités « sur la Nature »). Trois siècles plus tard, Aristote les nommera « physiologues », d'autres les nommeront « physiciens » ou encore « philosophes ». Ces auteurs refusent la résignation de leurs prédécesseurs face aux caprices des dieux ; il suffit, disent-ils, de « laisser parler » la nature. Pour eux, l'univers obéit à des lois que l'esprit de l'homme peut dévoiler, comprendre et exprimer sous forme rationnelle. Ils font ainsi faire à l'humanité un bond en avant inouï, osant la couper des mythes pour l'orienter vers le déchiffrement rationnel de la nature et la recherche d'un principe unitaire qui la sous-tendrait.

Pour autant, ils ne prétendent pas nier l'existence des dieux. Ils les ignorent. Ils pensent, et c'est l'essentiel, que la raison ne contredit en rien la foi et qu'on peut chercher à comprendre le monde sans se préoccuper de l'existence des dieux. Avec ces penseurs, le monde bascule du « mythos » au « logos », de la prosopopée mythologique au langage de la raison, des songes du multiple à l'éveil de l'unicité. Et, là encore, chacun a intérêt au bonheur de l'Autre, puisque le savoir s'accumule : j'ai intérêt à ce que l'Autre trouve pour nous faire tous progresser.

Il n'y a pas pour autant rupture. L'un découle de l'autre : le logos reprend l'essentiel du mythos. La science trouve sa source dans le « chaos » d'Hésiode. La philosophie est la fille de la mythologie. Elle exprime les mêmes concepts d'une façon plus abstraite.

Le passage de la mythologie à la raison n'est pas brutal. La raison est la conceptualisation de la mythologie. En 1912, l'universitaire britannique Francis M. Cornford, dans son livre *From Religion to Philosophy*, dévoile les origines religieuses des concepts des philosophes ioniens. Un peu plus tard, Jean-Pierre Vernant rappelle que, « entre la philosophie d'un Anaximandre et la théogonie d'Hésiode, Cornford montre que les structures se correspondent jusque dans le détail ».

Le lien est direct, sinon que, au lieu de parler, comme la mythologie, en termes de filiation – Zeus est le fils de Cronos, qui est le fils d'Ouranos –, la philosophie ionienne s'exprime en termes de causalité : tel phénomène produit tels effets. Les divinités s'effacent devant la réalité des éléments physiques. Le cosmos des physiciens hérite de toutes les caractéristiques fondamentales (harmonie, justesse, beauté, quête de l'unité fondamentale, etc.) de la mythologie.

Cette continuité entre mythologie grecque et philosophie sera parfaitement vue dès les Romains, qui la reprendront à leur compte. Cicéron écrit : « Les dieux des mythes grecs furent interprétés par la physique. » Il prend l'exemple de Saturne (nom latin de Cronos) : « [La mythologie] a voulu désigner par Saturne la réalité qui contenait le cours et la révolution circulaires des espaces parcourus et des temps, dont il porte le nom en grec ; car on l'appelle Cronos, ce qui est la même chose que *chronos*, qui signifie “espace de temps”. Mais on l'a appelé Saturne, parce qu'il était “saturé” d'années ; et l'on feint qu'il a coutume de manger ses propres enfants, parce que la durée dévore les espaces de temps. »

Et pourtant, l'Ionie ne sera jamais reconnue comme initiatrice d'une civilisation comme le furent Akkad, Sumer, Babylone, l'Égypte, la Chaldée et tant d'autres, et comme le sera, quelques siècles plus tard, assez injustement, le Péloponnèse, sous le nom de Grèce. L'Ionie est considérée comme grecque et rien d'autre, oubliant sa localisation et son histoire.

Qu'est-ce qui explique l'apparition tout à la fois soudaine et unique d'un si grand nombre de génies en un même lieu ? Pour répondre à cette question, nous ne disposons que de quelques fragments de leurs travaux, souvent de troisième main. Et d'abord de ceux du premier d'entre eux : Thalès.

Commerçant, homme politique, astronome, prédicateur, Thalès, s'il a existé, serait né à Milet vers – 625, soit trois ans après la redécouverte par Josias, à Jérusalem, du texte du Devarim, quinze ans avant que l'Empire assyrien de Nabuchodonosor ne soit mis à bas par les Perses achéménides de Cyrus II.

À cette époque, Milet entretient de bonnes relations avec les puissants Lydiens, qui dominent à l'intérieur des terres. Bientôt, le royaume de Lydie va néanmoins céder la place à un autre pouvoir : celui des Perses. La tradition veut d'ailleurs que Thalès détermina le comportement de la cité lorsque les deux puissances, celle du Lydien Crésus et celle du Perse Cyrus, vinrent à s'affronter : « Il paraît aussi avoir été un éminent conseiller politique ; ainsi marqua-t-il son opposition quand Crésus envoya une ambassade proposer aux Milésiens de s'engager à ses côtés ; étant donné ensuite la victoire de Cyrus, ce refus assura la survie de la Cité », écrit Diogène Laërce, un biographe grec du IIIe siècle de notre ère. Hérodote dira de lui : « Il conseilla aux Ioniens d'établir un conseil pour l'ensemble de leurs cités, conseil dont le siège serait à Téos » (Hérodote, I, 170).

Ce Thalès appartient à la famille des Thélides, noble maison qui (selon Diogène Laërce) prétendait descendre de Cadmos et d'Agénor. Thalès travaille à dévoiler ce qu'il pense être un principe premier, unificateur, expliquant tous les phénomènes du monde et d'où toute substance tire sa réalité propre, spirituelle et matérielle. Il cherche en fait un substitut rationnel du « Chaos ». Pour lui, ce principe unique, c'est l'eau, parce qu'il s'interroge d'abord sur la pluie et ses causes : la terre flotte sur l'eau, qui est la cause matérielle des choses, lesquelles sont toutes pleines de dieux. Selon Hérodote, Thalès détourna pour Crésus le fleuve Halys, permettant à son armée de traverser. Dans sa conception, l'eau unit, comme la paix.

Thalès lance un combat contre les dieux, les monstres et les héros ; ou, plutôt, il les transpose dans un langage matérialiste. Pour lui, les dieux ne sont plus que des métaphores de réalités matérielles ; il faut comprendre les phénomènes du monde, et non plus se contenter, à la manière babylonienne ou égyptienne, de savoir faire les choses sans en comprendre les mécanismes.

Le divin n'est pas absent de la pensée de Thalès. Il écrit : « De tous les êtres, le plus ancien, c'est Dieu, car il n'a pas été engendré ; le plus beau, c'est le monde, car il est l'ouvrage du Dieu ; le plus grand, c'est l'espace, car il contient tout ; le plus rapide, c'est l'esprit, car il court partout ; le plus fort, c'est la nécessité, car elle vient à bout de tout ; le plus sage, c'est le temps, parce qu'il découvre tout. »

Sa pensée n'est pas éloignée de celle de l'Unité divine prônée par le Devarim, texte de la Torah rendu public à la même époque, à Jérusalem, par Josias. Par exemple, quand on lui demande comment vivre vertueusement, Thalès répond : « en ne faisant pas ce que nous reprochons à autrui » – ce qu'on retrouve explicitement dans de nombreux passages de la Torah.

Les textes de Thalès ne seront connus que bien plus tard, et certains doutent encore de son existence réelle. Pour que son rôle soit reconnu, il faudra attendre le XIXe siècle et les philosophes allemands, dont on dira plus loin le rôle dans la redécouverte des penseurs ioniens. En particulier, Friedrich Nietzsche écrira : « Il ouvrit une voie qu'ensuite les philosophes ioniens suivirent conformément à ses principes. Concevoir pour la première fois l'univers entier, si hétéroclite, comme l'évolution seulement formelle d'une unique matière originelle relève d'une liberté et d'une hardiesse incroyables. C'est un mérite que personne ne peut avoir dans la même mesure une seconde fois. »

Thalès, inspiré par Ezra ?

Comment un seul homme, perdu dans un grand port d'Ionie, a-t-il pu décider d'en finir ainsi, du jour au lendemain, avec les mythes, de valoriser la raison naturelle, d'aller chercher le principe d'unité, à l'antithèse de la mythologie polymorphe de ses contemporains ? Sans prédécesseur connu ni recensé, Thalès aurait donc été le premier à se réclamer d'une telle démarche révolutionnaire ? À moins qu'il ne fasse que poursuivre, dans l'abstrait, la pensée mythologique. Ou qu'il s'inspire de pensées voisines.

De fait, la démarche de Thalès à Milet semble tout aussi invraisemblable que la découverte à Jérusalem, au même moment, d'un manuscrit du Deutéronome.

On peut être tenté de penser que l'un et l'autre se sont parlé, au moins métaphoriquement. En clair, on peut supposer que Judéens et Ioniens de ce temps se seraient rencontrés, ou au moins qu'ils auraient communiqué par voyageurs interposés. Certes, il n'existe aucun témoignage de leurs éventuelles rencontres. Aucun document écrit n'étaye l'hypothèse d'échanges, de conversations. Mais les trop nombreuses coïncidences laissent penser qu'ils ont au moins exercé l'un sur l'autre une influence réciproque.

De fait, le combat de Josias contre les idoles et le renouveau du culte du Dieu unique précède de quelques années celui de Thalès pour l'élaboration de la raison et d'une cause unique, source et fin de toute chose. Cette proclamation du retour de Dieu comme cause unique du monde à Jérusalem a sûrement été connue au-delà du royaume de Judée. Et, quand Thalès fait de la raison le moteur unique et parle du Dieu unique, il paraît peu probable qu'il n'ait pas eu connaissance du seul peuple alors monothéiste de la planète, son voisin.

Plus encore : Thalès est peut-être lui-même venu de Judée. Hérodote dit de lui : « Thalès milésien, originairement de descendance phénicienne ». Clément d'Alexandrie le dira aussi, bien plus tard, « de descendance phénicienne ». Friedrich Nietzsche, entre autres, défend cette thèse : pour lui, Thalès serait même un sémite, fils d'Examiul (en hébreu, Samuel) ; sa famille, les Thélides, descend de Cadmos, qui, en langue sémitique (phénicien et hébreu), signifie, on l'a vu, « premier », « antérieur », « ce qui est là avant ».

L'unité par la monnaie

Dès le début du troisième millénaire, voire plus tôt encore, la civilisation suméro-akkadienne recourt couramment à des moyens de paiement et d'échange. Il peut s'agir de biens périssables (céréales, ovins...), artisanaux (vêtements), de métaux, d'argent métal et d'or. Les scribes prennent l'habitude de noter l'ensemble des prix par rapport au « shekel », une unité de poids d'argent variable selon les lieux et les époques.

Dans le monde juif existait aussi cette unité de poids. Le mot vient de *mishkal*, qui signifie « poids ». Une autre valeur monétaire est la « mine » (qui donnera le mot « monnaie »). Le shekel pèse environ

6 grammes d'argent ; la mine vaut 300 grammes d'argent. Leur usage existait sans doute dès Ougarit, en tout cas sûrement sous Joas, donc entre – 838 et – 798, pour financer la restauration du Temple et pour fixer l'impôt annuel par tête pour le Temple – en référence au recensement attribué à Moïse (Exode, XXX, 12-14) : « Quand tu feras le dénombrement général des enfants d'Israël ».

L'économie a désormais un but nouveau et supplémentaire : créer des ressources non plus pour sacrifier aux dieux, mais pour accumuler des richesses privées. Pour la première fois, le travail est honoré plus que la guerre – « Tu ne tueras point » et « Tu travailleras six jours et le septième tu te reposeras ». Le produit du travail, ou ce qu'on peut en obtenir, est protégé par le texte des Dix Commandements : « Tu ne convoiteras pas la femme de ton voisin, ni ses serviteurs, ni son bœuf, ni son âne, ni rien de ce qui lui appartient. » La richesse doit pouvoir s'accumuler et être transmise. Pour l'obtenir, l'homme doit utiliser la raison, étudier rationnellement le monde, le corps humain – et l'univers. Pour faire de la forêt un jardin. Pour explorer les potentialités de l'Être.

Les premières monnaies apparaissent au début du VIIe siècle, pendant le règne de Gygès (687-652 av. J.-C.) : elles proviennent de Sardes, de Milet ou de Phocée. La monnaie est très tôt liée à un territoire donné, pas nécessairement limité par des frontières politiques. Elle sert aux échanges et à la collecte des impôts.

Le marché crée ainsi les conditions de l'unité de l'échange, symbolisé par l'unité de son instrument : la monnaie, l'alphabet de l'économie.

Dans les deux sociétés existent des entités politiques, des cités ou des royaumes, en situation d'appliquer une doctrine économique et sociale.

Grecs et Juifs pensent le monde comme une totalité – pour les premiers au service des Hellènes, pour les seconds au service de l'humanité. Pour les uns, la cité est une démocratie réservée à quelques-uns au service de sa propre gloire. Pour les autres, elle est une théocratie au service de la gloire de Dieu.

Le temps juif a un commencement et une fin, le temps grec est éternel, dans le passé comme dans l'avenir. Les Juifs n'ont que faire de l'art et de la beauté instituée comme obligation – justement, « tout passe, tout lasse, tout casse », selon la formule gravée, dit-on, à l'intérieur de l'anneau de Salomon. Le Grec, lui, entretient l'éternité dans le culte du beau, de l'art et de la pensée.

La beauté est l'accompagnatrice de l'éternité ainsi révélée. Le Juif sait qu'il est vain de tenter de comprendre un monde trop grand pour l'esprit humain ; le Grec, à l'inverse, se persuade que la beauté permettra de percer les mystères d'un monde que l'on estime à portée de l'esprit humain. La pure beauté est la raison pure ; par elle, la science et les techniques sont une leçon permanente sur ce que la nature concède à l'homme de puissance.

Pour les Grecs d'une quelconque des villes ioniennes, la société se résume à quelques citoyens qui emploient des esclaves et pillent la nature. Le monde est cyclique, sinon qu'il progresse vers le beau et l'universel, au profit du mode de vie grec, sans idée d'un au-delà où espérer se rendre, ni de plaire aux dieux, dont les désirs échappent aux hommes. Pour eux, la cité est tournée vers l'extérieur ; elle doit conquérir le reste du monde par les armes et le rendre grec. L'économie y est soumise aux exigences des dieux. Le neuf vient de la mer et le calcul des risques est essentiel.

Pour le Grec, qui tolère la misère, le pauvre a besoin du riche ; c'est pour cela qu'il y aurait des riches. Pour le Juif, le riche a plus besoin du pauvre que le pauvre du riche. Et si la société juive permet aux hommes de s'enrichir, c'est précisément parce que les riches pourront pourvoir aux besoins de la majorité des pauvres. Quant à la société grecque, elle va, en deçà du *demos*, permettre aux fortunes de se faire en réduisant la misère du peuple par une redistribution liturgique.

Pour les Juifs, tous les hommes sont égaux et doivent obéir aux mêmes lois. Toute vie doit être respectée. Tout homme doit être aimé comme soi-même. L'altruisme est l'autre nom de la foi. Ils n'ont ni à conquérir ni à convertir. Ils doivent transmettre entre eux leur foi et vivre en paix avec leurs voisins et avec la nature, qu'ils sont tenus de respecter et de maîtriser. Ils se prêtent entre eux sans intérêt et peuvent prêter à leurs voisins avec intérêt. S'enrichir est sanctifié par la bénédiction divine et il faut aider les pauvres à ne plus dépendre de la charité. Il faut même penser au bonheur de ses voisins avant le sien.

Ainsi, en ce VIIe siècle avant notre ère, les Ioniens font surgir des dieux l'esprit de l'homme ; les Juifs font surgir de l'homme l'esprit de Dieu. Pour les Ioniens, l'irrationnel des poètes et des mythographes prépare l'avènement de la raison ; pour les Juifs, le renouveau du culte de Dieu par Josias est aussi le fruit d'une découverte. La pensée grecque découvre la raison, la pensée juive découvre la foi.

Les Grecs sont encore polythéistes ; les Juifs ne cherchent pas encore à rendre leur dieu ni leur foi universels. Cela va bientôt changer.

CHAPITRE 5

Ezra et Socrate : le grand rapprochement

(VIe et Ve siècle avant notre ère)

Après Thalès, d'autres penseurs de l'unité en Ionie

Après Thalès, d'autres penseurs de l'unité se manifestent en Ionie. Leur existence est plus certaine : Anaximandre et Anaximène à Milet (*Ana*, « en haut » ou « maître ») ; Xénophane à Colophon ; Pythagore à Samos ; Héraclite à Éphèse ; Zénon à Élée (en Italie du Sud) ; Anaxagore à Clazomènes. Ils se succèdent dans une continuité singulière, sans être nécessairement maître et disciples. Tous sont à la recherche de la cause unique du monde.

Anaximandre succède à Thalès à la tête de l'école de Milet ; il a pour disciple Anaximène (« maître des âmes »), Xénophane, à Colophon, et Pythagore, à Samos, île de la mer Égée. Xénophane et Pythagore fondent à leur tour chacun une école : Pythagore à Crotone, Xénophane en Sicile, à Zancle (aujourd'hui Messine), puis en Campanie, à Élée – il est le précurseur de l'école des Éléates, avec Parménide et Zénon pour disciples.

Au VIe siècle avant notre ère, Xénophane, troisième successeur de Thalès, pourfend le polythéisme de ses contemporains et défend l'idée d'un Dieu unique, souverain et inaccessible à l'expérience sensible. Il écrit : « Il est un seul dieu suprême parmi les dieux et les hommes ; il ne ressemble aux mortels ni pour le corps ni pour la pensée. Tout entier il voit, tout entier il pense, tout entier il entend. [...] Dieu est le plus ancien des êtres, car il est par lui-même, le monde est ce qu'il y a de plus beau, étant l'œuvre de Dieu, l'espace est ce qu'il y a de plus grand : il embrasse tout ; l'esprit, ce qu'il y a de plus rapide : il se répand à travers toutes choses ; la nécessité, ce qu'il y a de plus puissant : elle triomphe de tout ; le temps, ce qu'il y a de plus sage : il fait tout découvrir. » On est loin des dieux de ses contemporains, qu'ils imaginent « engendrés comme eux » et ayant « des vêtements, une voix et un corps semblables aux leurs ». Le Dieu de Xénophane, « ni limité, ni infini, ni mû, ni en repos », se confond avec le principe unique à l'origine de l'univers et de sa multiplicité.

Au même moment, son contemporain Pythagore croit, lui, comme le monde indien d'alors, en l'immortalité d'une âme humaine dont les réincarnations successives conduiraient à la libération progressive. Pour lui, les nombres sont le principe de tout, et leur combinaison explique l'univers.

Peu après, à Éphèse, Héraclite affirme qu'« on ne se baigne jamais dans le même fleuve ». Pour lui, ce changement perpétuel est créateur d'une harmonie qu'il nomme « logos ». Dès lors, la sagesse consiste à saisir l'Un derrière la multiplicité des phénomènes et des êtres. Il pense ce qui existe hors de toute origine et dessine une figure divine unique : « Dieu est jour-nuit, hiver-été, guerre-paix, richesse-famine. » Un dieu créateur du monde qui aurait disparu après avoir achevé sa création. On retrouvera la même idée dans la théorie juive du *tsimtsoum* (« contraction »), dans une interprétation du premier mot de la Torah comme signifiant le retrait de Dieu hors de sa création.

Au début du Ve siècle, à Élée, en Italie du Sud, un disciple de Xénophane, Parménide, explique que nos sens ne distinguent que les apparences, mouvantes et précaires, et non la réalité, la substance des choses, qui est, elle, immuable et éternelle. Seule la Raison, distincte des sens, peut appréhender cette substance : « L'Être est ; le Non-Être n'est pas. » Autrement dit, les concepts sont immortels, pas leur incarnation.

Air, feu, terre, eau

Aussi, de Thalès à Parménide, l'obsession de l'unité se précise et évolue. Les connaissances s'accumulent, chacun s'appuyant sur l'Autre : la raison, comme la foi, est altruiste. Successivement, quatre éléments jouent le rôle d'énergie unique de tous les moteurs du monde. Pour Thalès, toute substance tire de l'eau sa vitalité propre, spirituelle et matérielle. Pour Anaximène, c'est de l'air ; pour Xénophane, de la terre ; pour Héraclite, du feu.

Allant plus loin encore dans cette recherche de l'unité, Anaximandre, à Milet, invente un élément synthétisant les quatre autres : l'*apeiron* (l'« infini », l'« illimité »). Il s'agit d'une substance première « infinie, immortelle, enveloppant et gouvernant » toute chose. Elle contient le début et la fin de toutes les expériences physiologiques, cosmologiques, métaphysiques.

Anaximandre fait de l'*apeiron* la seule cause du développement organisé de notre univers. Il le décrit comme étant un élément invisible à l'œil humain, déterminant tout ce en quoi consiste notre monde, et ce depuis toujours et jusqu'à l'infini. Ce serait aussi cette force qui aurait créé les humains, la Terre, les galaxies et les étoiles, bien que toutes ces choses soient présentes depuis toujours.

Pour Anaxagore, c'est l'esprit, *Noûs*, qui « dissocie le chaos » et permet la propagation de la vie ! L'esprit est le principe ordonnateur même du monde. Le chaos de la matière désignerait, là encore, la même idée de désordre primordial comme désordre nécessaire à l'éclosion de la vie de l'esprit, et par là même de la vie. Thalès, Anaximandre, Anaximène, Xénophane, Anaxagore ressemblent ainsi, dans leur soif de comprendre, à ce qui se passe au même moment à Jérusalem, où se succèdent des prophètes : Nathan, Gad, Élie, Isaïe, Ézéchiel et Jérémie – conseillers et pourfendeurs de rois, combattant l'idolâtrie, les mythologies et les polythéismes.

On trouve aussi, dans la pensée juive de ce temps, une subdivision du monde en quatre mondes spirituels, chacun d'eux s'incarnant dans ce monde-là sous différents aspects ; et, là aussi, on parle du feu, de l'air, de l'eau, de la terre ! L'hébreu en fournit une justification particulière en décomposant le mot *Hashamayim* (les cieux ou l'air) en *Esh* (le feu), *OuMayim* (l'eau), *Eretz* (la terre) – la même distinction des concepts.

À Jérusalem, on retrouve aussi l'idée que la Torah est à la source de la science, parce que comprendre le monde, c'est comprendre Dieu et son dessein.

Ioniens et Judéens font ainsi, chacun à leur manière, le chemin du multiple vers l'unique comme principe premier. Pour les uns et les autres, le processus de la pensée part des récits cosmologiques pour ouvrir au décryptage des lois de la nature.

Ainsi progresse l'idée que la foi et la raison sont les deux piliers de la condition humaine, et qu'aucune des deux ne doit empêcher l'autre de s'épanouir. Plus encore, elles sont l'une et l'autre les conditions de la découverte de l'unité.

Et, là encore, la pensée domine quand le politique décline : quand Héraclite, Xénophane, Anaxagore, Parménide parachèvent l'âge d'or des penseurs ioniens, Milet cède politiquement devant les Perses, dont le royaume de Jérusalem est le vassal.

Déclin simultané des villes d'Ionie et du royaume de Jérusalem

En – 538, Cyrus II, roi des Perses et des Mèdes, conquiert Babylone. Il prétend gouverner le monde au nom de l'humanité. Pour lui, il n'y a plus « nous » et « eux » ; il pense l'humanité comme un ensemble unique.

Il autorise les Juifs à rentrer en Judée, dont il fait une province de son empire, et ordonne la reconstruction du Temple à Jérusalem. Peu de Juifs y reviennent. Beaucoup de rabbis s'établissent ailleurs.

En – 499, les cités ioniennes rejettent, à l'initiative de Milet, les tyrans imposés par les Perses. Elles se révoltent, profitant des revers militaires des Perses dans la steppe danubienne, avec l'appui militaire d'Érétrie et d'Athènes – une des villes du Péloponnèse, fondée, selon la légende, vers – 800 par Thésée.

Mais la révolte des Ioniens contre les Perses tourne au désastre. Milet, même si son traité d'amitié de – 499 avec Cyrus lui assurait en principe une relative indépendance, est assaillie et rasée par les Perses en – 494. La plupart des hommes sont massacrés, les femmes et enfants asservis. De nombreux habitants des cités ioniennes (marchands, artisans, poètes, penseurs) émigrent. En – 493, les Perses soumettent les dernières villes et îles rebelles (Chios et Lesbos).

En – 490, le « grand roi », Darius, successeur de Cyrus, envoie Datis à travers l'Égée pour soumettre Érétrie et Athènes. Selon Hérodote, Darius aurait voulu venger l'aide que ces cités avaient apportée aux cités ioniennes. Mais, en – 490, après avoir triomphé d'Érétrie, les Perses sont vaincus par les Athéniens à Marathon. Darius se détourne alors du front grec et meurt en – 486. Xerxès, qui lui succède, décide de venger cette humiliante défaite, mais il essuie un nouveau revers aux Thermopyles. Athènes prend, en – 478, la tête de la ligue de Délos, dominant la mer Égée et le monde grec.

Athènes s'installe alors au sommet du monde hellène ; des communautés juives commencent à s'y établir ; un texte grec des cinq livres de la Torah circule même à Athènes, dès cette époque, dans les premières « synagogues » – traduction en grec de la « maison du peuple » existant dans toute communauté juive.

Ainsi, pendant que l'Empire perse détruit les cités ioniennes et menace les cités grecques, qu'en Chine le désordre s'installe et qu'au Mexique la destruction du centre cérémoniel de La Venta marque la fin de la prépondérance des Olmèques, Athènes, grâce aux mines d'argent du Laurion, prend le pouvoir sur le reste de la péninsule et sur le monde grec.

Le trésor de la ligue de Délos, rapatrié à Athènes par crainte des attaques perses, permet de financer la construction de l'Acropole. En – 451, Périclès profite des difficultés de Sparte et du « grand roi » perse Artaxerxès pour conclure une trêve de cinq ans avec Sparte. En – 449, le « grand roi » reconnaît l'autonomie des cités grecques d'Asie Mineure et interdit aux navires perses de circuler en mer Égée. La puissance d'Athènes est alors sans rivale. Les Athéniens se pensent comme le premier peuple civilisé, les véritables inventeurs de l'idée de ville, entourés de barbares. Ils veulent affirmer qu'ils sont libres, ou qu'ils peuvent le devenir, et se soustraire aux caprices des dieux.

Le voyage d'Ionie à Athènes

Les philosophes ioniens quittent les villes ioniennes en ruine et affluent à Athènes. Protagoras, qui vient d'Abdère, en Thrace, écrit un traité, *Sur les dieux*, dans lequel il place l'homme (du moins l'homme grec, ce qui exclut les femmes, les esclaves et les barbares) au centre de l'univers : « L'homme est la mesure de toutes choses : de celles qui sont, du fait qu'elles sont ; de celles qui ne sont pas, du fait qu'elles ne sont pas. »

À Athènes, d'innombrables écoles philosophiques réfugiées d'Ionie attirent alors des philosophes, des auteurs de théâtre, des architectes, des sculpteurs.

Parmi eux, Démocrite, Sophocle, Hérodote et Socrate. Pour tous, la raison et la beauté priment sur la foi. Des professeurs de rhétorique développent l'art d'argumenter sur tout et n'importe quoi, talent indispensable à Athènes, où bien s'exprimer est vital pour réussir en politique. Leur réflexion touche aussi à la philosophie. Pour les sophistes, toute idée peut être à la fois contestée et soutenue ; la liberté de penser et de s'exprimer est érigée en valeur absolue.

Vers la même époque, Démocrite, lui aussi vraisemblablement né à Milet, tente d'opérer une synthèse entre Parménide et Héraclite. Pour lui, tout est combinaison d'atomes et de vide : « Convention que le chaud, convention que le froid ; en réalité, les atomes et le vide ! » Il s'intéresse aussi à la morale et au remords : « C'est devant soi-même que l'on doit d'abord avoir honte quand on agit mal… Celui qui commet l'injustice est plus malheureux que celui qui la subit. »

Parmi les Ioniens qui débarquent à Athènes, Anaxagore de Clazomènes, qui s'y installe en – 478. Il aura Périclès pour ami. Plus tard, Aristarque, Hippocrate, Hérodote, Parménide, Zénon, Empédocle, Gorgias, Protagoras passent également par Athènes. Un disciple d'Anaxagore, Archélaos de Milet, s'y fixe aussi pour y enseigner la philosophie des Ioniens : on le surnomme « le Physicien ». Il soupçonne la rondeur de la Terre et nie la différence du bien et du mal, du juste et de l'injuste, sinon par l'effet de la coutume.

En Sicile, Empédocle (qui vécut de – 495 à – 430) combine les quatre éléments primaires des philosophes avant lui (l'air, l'eau, la terre, le feu) en deux forces : Philotès (l'Amitié), qui rassemble, et Neikos (la Querelle), qui sépare. L'une crée un univers cyclique (comme le décrivait Parménide), l'autre un univers en écoulement (comme le pensait Héraclite).

Hérodote, né en Ionie, à Halicarnasse, vers – 484, premier des historiens, se présente comme le continuateur d'Homère. À la différence de celui-ci, ses « Enquêtes » se veulent la résultante d'un travail de la raison et il tente de décrypter la logique de l'Histoire comme les philosophes tentent de décrypter celle de la nature.

Puis vient Leucippe, peut-être né à Milet vers – 460. Contemporain d'Empédocle et d'Anaxagore, sans doute élève de Zénon d'Élée et de Parménide, il pourrait être aussi bien un homme qu'une femme. Un siècle plus tard, Aristote et Théophraste lui attribueront explicitement la paternité de la théorie atomiste comme cause unique des choses – bien qu'on doive aussi évoquer, à propos de la théorie atomiste, le travail d'un certain Mochos, un Phénicien dont on ignore tout, sinon qu'il est cité par Sextus Empiricus, philosophe alexandrin du IIe siècle de notre ère, qui lui attribue *Le Grand Système du monde*.

L'atomisme doit beaucoup aussi à Démocrite, qui fut, selon certains, le disciple de Leucippe. Né sans doute à Milet vers – 460, il s'installe très jeune à Abdère, cité de la Thrace située au nord d'Athènes, où il serait mort vers – 366 à l'âge de 103 ans. Ayant hérité de son père, il voyage, apprend la géométrie auprès des prêtres d'Égypte et l'astrologie en Perse, aurait rencontré des gymnosophistes en Inde, en Éthiopie et en Babylonie ; il aurait aussi rencontré Socrate à Athènes, sans s'en faire connaître. Selon Diogène Laërce, il serait même le personnage inconnu d'un dialogue apocryphe de Platon, *Les Rivaux*, discutant de philosophie avec Socrate : « J'ai parcouru la plus grande partie de la terre, en étudiant les sujets les plus grands. J'ai vu le plus de climats et de pays. J'ai entendu la plupart des hommes doctes, et personne encore ne m'a surpassé dans l'art de combiner les lignes et d'en démontrer les propriétés, pas même les arpenteurs d'Égypte, avec qui j'ai passé cinq ans en terre étrangère » (cité par Clément d'Alexandrie dans *Stromates*).

Une fois regroupés dans la centralité athénienne, tant géopolitique que juridique ou philosophique, les philosophes ioniens continuent de transformer en grec tout ce qu'ils touchent. Caucase, Balkans, Danube, mer Noire, Pont-Euxin, Crète, Sicile : rassemblées jusqu'ici de façon concentrique autour de l'Ionie, ces régions le sont maintenant autour d'Athènes.

La Grèce, qui n'est pas politiquement unifiée, est alors une puissance démographique : elle regroupe 3 millions d'habitants, soit 15 % de la population de l'Europe et 2 % de celle du monde. L'Occident commence à s'installer en Europe, près de cinq siècles après que ses deux fondements judéo-ioniens ont surgi en Asie Mineure.

Premier philosophe athénien : Socrate

Le premier philosophe véritablement athénien est Socrate, qui y naît vers – 478. Son nom pourrait signifier « force de la sagesse ». Fils d'un sculpteur et d'une sage-femme, il étudie Thalès, Anaximandre, Pythagore, Anaximène, Xénophane, Héraclite et Anaxagore (tous étrangers à Athènes). Il harcèle tous ceux qu'il croise – tel un « taon agrippé au cou d'un cheval », comme il se définit lui-même –, les poussant à réaliser leur propre ignorance pour les entraîner à l'essentiel : servir leur âme. « J'obéirai au dieu plutôt qu'à vous, et tant que j'aurai un souffle de vie, tant que j'en serai capable, soyez sûrs que je ne cesserai pas de philosopher, de vous exhorter, de faire la leçon à qui de vous je rencontrerai. »

Socrate, comme Thalès, croit en l'unité de la cause de l'univers. Dans l'*Alcibiade*, Socrate, selon Platon, compare l'esprit humain à celui de Dieu ; il parle du « divin » au singulier. Pour lui, Dieu, c'est le cosmos. Les phénomènes sont pluriels, mais les causes sont uniques. Il partage avec Thalès et Parménide la conviction qu'il existe un Être unique, avec une « rationalité infiniment supérieure à la raison ».

En – 428, un an après la mort de Périclès, Platon naît dans l'une des plus grandes familles d'Athènes, les Mélanthides. En – 408, deux ans avant la mort de Sophocle et d'Euripide, il rencontre Socrate et devient son disciple. C'est principalement par lui qu'on connaît l'enseignement oral de ce dernier. Socrate, au contraire des sophistes, définit des catégories morales absolues, comme la justice, la piété, le bien, le courage, la tyrannie, la tempérance, l'amitié… Platon établit une distinction entre les concepts et leurs manifestations, ce qui rend possible la formation du discours de la logique, lui-même condition de l'accumulation des connaissances : l'idée est invariante et éternelle, alors que les phénomènes (les choses, les faits concrets) sont éphémères et changeants. L'idée peut être véhiculée, transmise ; elle est le concept, distinct de ses manifestations matérielles.

Socrate et les Juifs à Athènes

Un peu plus tard, ces deux histoires, celle du peuple juif et celle du peuple grec, celle de Moïse et celle d'Ulysse, se mêlent encore davantage : des rabbins affluent dans le monde grec ; des philosophes grecs s'intéressent à la pensée juive. Des communautés juives s'installent dans le Péloponnèse. Des Grecs viennent en Judée.

Il est même possible que Socrate ait rencontré des Juifs, alors nombreux à Athènes : selon la tradition juive, Platon aurait rencontré le prophète Jérémie, exilé en Égypte, et l'aurait reconnu comme prophète.

La discussion entre Juifs et Grecs tourne sans cesse autour des relations entre la foi et la raison. Ou, plus précisément : l'unité du cosmos se trouve-t-elle dans ce que révèle la foi ou dans ce que discerne la raison ?

Une source midrashique fait aussi dialoguer un Grec (qui serait Platon) et un Juif au sujet de l'unicité. Le Grec s'étonne que, pour le Juif, il n'y ait pas lieu d'attribuer un dieu particulier à chaque dimension du monde. Le Juif répond par une autre question : « Vous, Grec, vous auriez un dieu pour chaque fonction du corps ? – Oui, répond le Grec, un dieu s'occupe de la vue, un autre du souffle, un troisième de l'ouïe, et ainsi pour tous les organes du corps. – Et qu'ont-ils à longueur de journée ? – La guerre, répond le Grec, la guerre entre eux, le dieu du souffle veut que le souffle l'emporte, celui de l'estomac veut que ce dernier l'emporte, etc. – Et ils ne sont donc jamais d'accord ? – Forcément, non. – Alors, comment expliques-tu que le corps finisse par mourir ? N'est-ce pas qu'à un certain moment ils se sont quand même tous mis d'accord ? »

En – 399, accusé de ne pas rendre grâce à tous les dieux de la ville et de corrompre la jeunesse, Socrate est arrêté ; il déclare à ses juges : « C'est le dieu qui m'a prescrit cette tâche par des oracles, par des songes et par tous les moyens dont un dieu quelconque peut user pour assigner à un homme une mission à remplir. »

Condamné à boire la ciguë par les Athéniens, il accepte sa peine, malgré toutes les formes d'évasion qui lui sont proposées.

Au même moment, à Jérusalem : Ezra

Pendant ce temps, la Perse, vaincue en Grèce, tente de trouver un équilibre en s'appuyant sur ses autres territoires. En – 460, le roi perse Artaxerxès, fils de Xerxès Ier, envoie un de ses conseillers juifs, Ezra, pour réorganiser la Judée, province perse. Ezra est probablement alors, à Suse, l'équivalent d'un secrétaire d'État aux Affaires juives.

Après avoir jeûné et prié, dit le livre biblique qui lui est consacré, Ezra rassemble 1 700 hommes et part de Suse le douzième jour du premier mois de la septième année du règne d'Artaxerxès (Esd., VIII, 1-23, 31). Artaxerxès ordonne aux autorités de la province de lui fournir les moyens nécessaires au service du Temple, et d'exempter les prêtres d'impôts (Esd., VIII, 1-21, 24). Ezra arrive à Jérusalem cinq mois plus tard, offre des holocaustes et transmet les ordres du roi aux « gouverneurs des pays au-delà du fleuve » (Esd., VIII, 33-36). Il enquête sur les conditions d'existence civile et religieuse de la communauté juive, qu'il exhorte à observer la Torah.

Sans doute retourne-t-il ensuite à Suse pour rendre compte au roi. Puis il revient de nouveau à Jérusalem et, reprenant une tradition qui avait, dit-on, cours au temps de Salomon, il réunit une assemblée de sages sous le nom de Knesset Hagdola (Grande Assemblée). Cette institution comprend au départ des personnalités telles que Mardochée et les prophètes Aggée, Zacharie et Malachie. Ces sages finalisent le contenu des vingt-quatre livres composant la Torah, mettent en place l'organisation du culte, notamment les dix-huit bénédictions, instaurent la fête de Pourim.

En – 446, Néhémie, échanson juif du roi perse, rejoint Ezra à Jérusalem. En – 444, Ezra et Néhémie, reprenant l'idée de Josias, instituent la lecture publique du texte biblique et des Prophètes, fractionnée selon un rythme hebdomadaire (c'est ainsi qu'elle est encore pratiquée aujourd'hui dans toutes les synagogues du monde). Les Psaumes sont lus quotidiennement, les livres du Cantique des cantiques, d'Esther, de Ruth, des Lamentations, de Jonas, de l'Ecclésiaste, sont lus respectivement au cours des fêtes de Pessa'h, de Pourim, de Shavouot, du Neuf Av, du jour de Kippour et enfin de Soucoth. Le Talmud (traité Sanhédrin) écrira plus tard : « Ezra aurait mérité que la Torah soit donnée à Israël par son intermédiaire si Moïse ne l'avait pas précédé » (Talmud de Babylone – Sanhédrin 21b).

Pour Spinoza (qui, le premier, se préoccupera de l'historicité des textes juifs), Ezra doit être considéré comme le véritable auteur du Pentateuque ; il aurait entrepris d'écrire une histoire du peuple juif, couvrant les livres allant de la Genèse au second livre des Rois. Selon Flavius Josèphe, qui écrira cinq siècles plus tard, Ezra meurt vers l'époque où Eliachib devient grand-prêtre (Ant., XI, 5-5).

Jamais Ezra n'a la tentation de devenir une figure publique ou religieuse d'importance : il n'impose pas la lecture du livre d'Ezra, bien que celui-ci fasse partie des livres bibliques. Pourtant, son influence sur la suite du judaïsme est essentielle.

Après sa mort, on assiste, parmi les Juifs rapatriés de Suse en Judée, à une dissolution de l'identité religieuse et à une multiplication des groupes, des courants et des obédiences.

Parmi eux, les Samaritains (dont le nom vient du mot *shomer*, « garder » en hébreu) se prétendent les descendants des dix tribus déportées deux siècles plus tôt par Sennachérib, roi d'Assyrie, dont le deuxième livre des Rois décrit les méthodes de mixité imposée et d'expatriation des populations conquises. Ces Samaritains se désolidarisent de Jérusalem et se revendiquent d'une lignée israélite ancienne qu'ils prétendent avoir « gardée ». Ils n'ont que faire de la reconstruction du Temple ordonnée par Cyrus ; ils s'établissent autour du mont Garizim, dans le nord-est du pays, et érigent leur propre temple. Ils récusent l'ensemble de la tradition orale pour ne s'attacher qu'au texte littéral de la Torah. Ils refusent l'écriture hébraïque dite « ashourit », « carrée », adoptée par Ezra et les scribes, au profit d'une écriture dite « ivri », à la calligraphie archaïque.

Ezra et Socrate, figures de l'unité

Les différences entre Socrate et Ezra, ces deux grands contemporains, sont claires : Socrate s'en prend à la tradition ; Ezra restaure la tradition et pose, sur ordre du pouvoir, les bases de la théocratie juive. Socrate est un philosophe aux pieds nus ; Ezra fréquente les palais royaux. Socrate n'a pas écrit un mot ; Ezra est un scribe. Les paroles de Socrate sont considérées comme ennemies des lois ; les paroles d'Ezra sont au contraire celles de la Loi. Socrate est accusé d'impiété ; Ezra est le prince des croyants. Socrate est accusé de dépraver la jeunesse ; Ezra s'efforce de la ramener dans le strict respect de la loi ancestrale. Socrate est un apôtre du cosmopolitisme ; Ezra s'efforce de maintenir l'identité juive. Socrate est accusé d'athéisme ; Ezra est un homme de Dieu. Socrate est conduit au tribunal comme transgresseur des lois ; Ezra ouvre des tribunaux pour juger les transgresseurs de la Loi. Socrate donne à entendre, Ezra à lire. Ezra ne rencontre pas le même succès que Socrate : sa figure et son souvenir disparaissent rapidement du champ occidental, alors qu'il est un élément essentiel du destin de l'Occident.

Mais il existe aussi beaucoup de points communs entre eux, rarement signalés et qui méritent qu'on s'y arrête.

Tous deux sont animés par un profond désir de changement. Ezra fonde la Grande Assemblée, qui préside à l'élaboration des Talmud de Jérusalem et de Babylone, et il enclenche un processus de rapport maître-disciple qui conduira à l'ouverture d'un grand nombre d'écoles (comme l'École de Hillel et celle de Shammaï). Socrate initie quantité de mouvements se réclamant de son parrainage (Euclide de Mégare fonde la première école des « socratiques », dite mégarique ; Antisthène fonde la deuxième, dite cynique, dont Diogène sera le premier disciple ; Aristippe de Cyrène fonde la troisième de ces écoles, l'École cyrénaïque), et il est aussi (par l'entremise de Platon) à l'origine de l'Académie, qui verra professer les plus savants des sages d'Athènes, dont Aristote. Et, surtout, Ezra comme Socrate participent à l'idéologie de l'unité. De Dieu, du savoir. L'un et l'autre professent une éthique de rigueur. L'un et l'autre ne craignent pas, souhaitent même, les découvertes de la raison. Parce qu'elles permettent de maîtriser le monde.

Et cette rencontre va devenir plus explicite encore, plus féconde, dans une ville imaginée pour la rendre possible : Alexandrie.

CHAPITRE 6

Bible juive, Bible grecque

(IVᵉ siècle)

Le dialogue entre les deux cultures continue. Et il est beaucoup plus proche, beaucoup plus évident. Plus personne ne peut le nier. Et l'une se nourrit désormais explicitement de l'autre. Même si les deux civilisations s'affaiblissent, la raison grecque et le monothéisme juif gagnent du terrain. Ils s'imposent, en Méditerranée, comme une évidence contagieuse. Au-delà des empires et des puissances. Paradoxe qu'on retrouvera plusieurs fois dans l'Histoire : c'est au moment où ces civilisations s'affaiblissent que leur influence grandit.

Effondrement d'Athènes et de Jérusalem

Dans les décennies qui suivent la mort de Socrate, Sparte s'impose face à Athènes. Puis la Macédoine devient une puissance menaçante pour les Grecs.

Cyrus II autorise la reconstruction du Temple de Jérusalem et le retour des Judéens exilés. Il nomme l'Exilarque Zéroubavel ben Padyah régent de Judée et de Jérusalem. Mais, à la suite de plaintes de gouverneurs d'autres provinces de l'Empire perse, inquiets de l'appauvrissement des villes après le départ des Juifs, il interrompt le retour des Judéens, renonçant aussi au projet de reconstruction du Temple de Jérusalem. En – 366, à la mort de Cyrus II, Assuérus II prend le contrôle de tout l'Empire perse après une guerre contre les partisans des héritiers de Cyrus II. En – 353, sous l'influence d'une Juive, Esther, l'empereur Assuérus fait relancer la construction du Temple ; le prophète Aggée annonce alors que le temps de l'exil est fini et que celui de la reconstruction du Temple de Jérusalem est venu : « Ainsi parle l'Éternel, appliquez votre attention à votre manière d'agir. Montez sur la montagne, rapportez-en du bois et bâtissez le temple, j'y prendrai plaisir [...] » (Aggée chap. 1). Les travaux commencent vers – 350, avec l'appui du nouveau roi perse Darius III, fils présumé, selon la légende, d'Esther et d'Assuérus II.

En – 359 monte sur le trône de Macédoine Philippe II. Après sa victoire à Chéronée en – 338 contre Athènes et Thèbes, il s'impose comme le maître de la Grèce continentale, lui que les Grecs considèrent comme pire que les barbares. Démosthène, un orateur né à Athènes, tonne dans la troisième de ses « Philippiques » : « Non seulement Philippe n'est pas grec et ne tient en rien à la Grèce, mais il n'est pas même né sur une terre barbare dont on puisse s'honorer ; c'est un misérable Macédonien, il est de ce pays où jadis on n'achetait pas même un bon esclave. »

Ainsi s'effondrent en même temps les sociétés théo-politiques grecque et juive, par une étonnante coïncidence temporelle. Jamais les cités grecques ne retrouveront leur autonomie. Jamais la théocratie juive ne retrouvera sa souveraineté.

Philippe donne alors comme précepteur à son fils Alexandre un immense philosophe ionien, de passage à Athènes : Aristote, héritier explicite de ce dialogue implicite judéo-grec. Et dont la pensée va irriguer l'Occident pendant vingt siècles.

Aristote, penseur judéo-grec

Né en – 384 (comme Démosthène) en Chalcidique (là où se trouve le mont Athos), Aristote a onze ans en – 373 quand meurent son père, sa mère et le roi de Macédoine, Amyntas III – vraisemblablement dans l'une des épidémies qui frappent périodiquement la Grèce. La prise de conscience de la précarité de la vie deviendra pour lui source d'interrogations philosophiques majeures : « Comment se fait-il – puisqu'il y a des phénomènes qui se suivent de manière circulaire, comme le nuage entraîne la pluie qui s'évapore et redevient nuage – que nous ne puissions, animaux, hommes, redevenir les mêmes ? » Sa réponse est radicale : « L'homme n'est pas aussi nécessaire à l'équilibre de l'univers que l'est la pluie ; il n'apparaît sur terre que par hasard. La naissance de ton père n'entraîne pas nécessairement ta naissance à toi, alors que ta naissance suppose nécessairement la sienne. »

Selon certains, le jeune Aristote effectue alors de fréquents séjours au Moyen-Orient, en particulier en Judée, où il aurait, selon des historiens juifs, rencontré des rabbins (dont Siméon le Juste). L'un des tout premiers témoignages d'une rencontre gréco-juive est d'ailleurs le récit d'un disciple d'Aristote, Cléarque de Soles, qui rend compte d'une conversation, très probablement apocryphe, entre Aristote et un certain Hyperochide au sujet du rabbi Shimani, supposé avoir rencontré Aristote.

En – 346, Aristote s'installe à Assos. Il y rencontre peut-être des lettrés juifs. En témoigne une indication fournie par l'*Histoire des animaux* rappelant un texte de la Bible : il « n'est pas rare qu'en Asie un même homme possède jusqu'à 3 000 chameaux ». Alors qu'il est écrit dans le livre de Job : « Il y avait, au pays de Outz, un homme du nom de Job. Il était, cet homme, intègre et droit, craignait Dieu et s'écartait du mal. Sept fils et trois filles lui étaient nés. Il possédait sept mille moutons, trois mille chameaux » (I, 1-3).

En – 343, Philippe choisit cet Aristote comme précepteur pour son fils Alexandre. Il le restera pendant trois ans.

Aristote est, comme tous les philosophes ioniens depuis Thalès, à la recherche d'une cause unique de l'Univers. Il cherche la cause d'une chose, puis la cause de la cause, puis la cause de la cause de la cause, jusqu'à remonter à une cause première, aussi appelée le « moteur non mû », la cause « incausée ». Il imagine l'Univers comme un ensemble de sphères incluses les unes dans les autres : au centre, la Terre, la plus imparfaite des sphères, la plus matérielle ; au-dessus, le monde céleste, indestructible, évolue selon un mouvement circulaire ; au-dessus encore, une dernière sphère immobile, qu'il nomme l'« intellect agent » ou « premier moteur », sorte de principe premier, comparable à celui des philosophes ioniens.

Pour lui, ce monde n'a pas de commencement. Il ne croit pas à un chaos originel, car il aurait nécessairement été précédé d'une unité qu'il aurait fallu défaire. Il imagine que des « âmes cosmiques », distinctes de celles qui animent le vivant, animal et végétal, président aux mouvements de ces sphères célestes concentriques. Les corps, selon lui, s'installent dans la sphère correspondant à leur nature : les plus lourds au centre ; les plus légers à l'extérieur. La finalité de l'âme des hommes est de s'unir par la connaissance avec l'« intellect agent », sorte d'âme collective.

Pour Aristote, ce premier moteur, ou intellect agent immobile et unique, qu'il faut postuler pour que la physique trouve son « unité », peut aussi être appelé Dieu, un dieu qui ignore l'Univers. Évoquant Xénophane de Colophon, qui enseigne l'unité de la divinité, Aristote dit que c'est « en regardant vers le ciel qu'il pensa que Dieu est Un ». Un dieu qu'il ne s'agit pas pour lui d'adorer, de vénérer ou de prier. Il croit en l'existence d'une providence générale, mais pas d'une providence individuelle. D'où une sorte d'idéal, pour lui, de morale contemplative dans la jouissance de la pensée.

Une « Lettre à Alexandre sur le monde », à l'attribution encore discutée, résume l'enseignement d'Aristote. Dans le dernier chapitre de ce texte (curieusement intitulé « Des noms de Dieu ») est établi un portrait de Dieu étonnamment proche de celui que fait, à la même époque, le judaïsme : « Il n'est point d'être dans le monde qui puisse se suffire à lui-même, et qui ne périsse, s'il est abandonné de Dieu… Dieu est essentiellement le générateur et le conservateur de tous les êtres, quels qu'ils soient, dans tous les lieux du monde. Dieu, qui est un, a plusieurs noms par rapport aux différents effets qu'il produit. »

Le reste de son œuvre est un hymne à la vie, dont il étudie toutes les formes, pour en glorifier le respect. L'Autre est aussi la raison d'être du soi. Toutes les cultures doivent être connues et respectées. Aristote est l'aboutissement, le point de convergence de toutes les écoles de pensée grecques qui, depuis Thalès, rejoignent l'essentiel du judaïsme par la seule pratique de la raison. En cela, il sera le pilier sur lequel s'appuieront tous ceux qui, pendant les vingt siècles suivants, voudront faire survivre le règne de la raison, quand la foi voudra imposer l'interdiction de penser.

Alexandre, Alexandrie

En – 336, le roi de Macédoine, Philippe, est assassiné. Son jeune fils, Alexandre, devient roi ; en – 332, il conquiert la Judée, dont Jérusalem, sans même s'y rendre. Selon le Talmud et Flavius Josèphe, le grand prêtre de Jérusalem lui aurait montré un passage de la Bible disant qu'un grand roi allait sauver le peuple juif.

Le Talmud (Yom 69a) raconte ainsi cette rencontre, sans doute imaginaire : « Les Koutim, une secte qui pratiquait l'idolâtrie mais prétendait appartenir au peuple juif, ont demandé à Alexandre l'autorisation de détruire le Temple de Jérusalem. Ce dernier la leur donna. Lorsque Siméon le Juste, un des sages de l'époque, qui exerça les fonctions de Grand Prêtre pendant quarante ans, apprit que cette terrible catastrophe allait s'abattre sur Israël, il se vêtit de ses habits de Grand Prêtre, se fit accompagner des notables d'Israël qui tenaient en main des flambeaux, sans aucune arme, et ils avancèrent, dans la pénombre, au-devant de l'armée d'Alexandre. Au lever du jour, les voyant approcher, Alexandre le Grand demanda à son entourage : "Qui sont ces personnes ? – Ce sont les Juifs qui se révoltent contre toi", lui répondit-on. Apercevant Siméon le Juste, Alexandre le Grand descendit de son char et se prosterna devant lui. Les proches de l'empereur s'étonnèrent : "Un roi aussi puissant que toi se prosterne devant ce Juif ? – Lors de mes combats, j'aperçois toujours l'image de cet homme qui avance au-devant de mes troupes", répondit-il. Et, s'adressant à Siméon le Juste et son groupe : "Que désirez-vous ? – As-tu été trompé par des païens qui t'ont conseillé de détruire l'édifice à partir duquel des prières sont adressées à Dieu pour ton bien-être et la réussite de ton royaume ?" répondit Siméon le Juste. Impressionné, Alexandre fit neutraliser ces Koutim. »

Flavius Josèphe reprend cette légende et confirme cette rencontre : Alexandre devint, à partir de ce moment-là, le protecteur des Juifs, et se rapprocha de Siméon le Juste. Cette même tradition juive rapporte que, sur le conseil d'Alexandre, Aristote se rapprocha de Siméon le Juste et suivit avec intérêt ses enseignements.

En – 331 (soixante-huit ans après la mort de Socrate, dix-sept ans après celle de Platon, neuf ans avant celle d'Aristote), Alexandre fonde en Égypte la cité idéale dont rêve Aristote, son précepteur : Alexandrie.

Par sa situation géographique, cette ville nouvelle est prédestinée à devenir la patrie de l'éclectisme, du cosmopolitisme, le trait d'union entre la Grèce et le monde oriental.

Alexandre continue d'avancer vers l'est ; en – 331, il bat le roi perse Darius III dans la plaine de Gaugamèles (à environ 100 kilomètres de l'actuelle ville d'Erbil, dans le Kurdistan irakien). Babylone se livre peu après et Alexandre y est proclamé « roi de l'Univers ». Darius III est assassiné sur ordre du satrape de Bactriane ; Alexandre conquiert tout l'Empire achéménide, avant d'être arrêté par ses propres troupes à l'entrée du continent indien et de revenir à Babylone pour y mourir le 13 juin – 323. Son empire est alors partagé, après d'innombrables batailles, entre ses généraux. La Judée, l'Égypte et Alexandrie passent sous l'autorité de Ptolémée, premier de la dynastie des Lagides. Les Lagides font d'Alexandrie leur capitale et y installent l'administration de la partie de l'empire d'Alexandre qu'ils ont reçue en héritage.

Les Juifs accourent alors de tout l'Orient vers Alexandrie et représentent bientôt 10 % de la population de la ville, soit 50 000 personnes. Comme ils refusent de s'assimiler, les Grecs les accusent progressivement de ne pas respecter les règles de l'hospitalité en refusant d'assister aux cérémonies en l'honneur des autres dieux et de partager leurs repas avec des non-Juifs. Ils les considèrent comme

« misanthropes », mot alors inventé pour désigner spécifiquement les Juifs.

Certains Juifs, pour la première fois, se laissent tenter par la pensée d'autrui. C'est d'ailleurs par un historien grec contemporain d'Alexandre, Hécatée d'Abdère, que l'on sait que les Juifs d'Alexandrie sont désignés par le mot de « misanthropes ». Ce texte est important, car c'est la première trace des Juifs dans un texte grec. Et encore ne le connaît-on que par des citations qu'en font d'autres auteurs : on ne connaît en fait l'œuvre de cet Hécatée que par ce qu'en rapportent des auteurs ultérieurs, tel Diodore de Sicile, dont des extraits de ses ouvrages ont été conservés dans une anthologie byzantine du IXe siècle de notre ère, la *Bibliothèque* de Photios. Diodore y expose l'origine des Juifs et cite explicitement cet Hécatée. C'est bien là le premier texte sur l'origine des Juifs dans la littérature grecque. Selon cet Hécatée, les Juifs auraient été expulsés d'Égypte mille ans plus tôt et se seraient établis en Judée, une région inhabitée à cette époque, tandis que d'autres étrangers vivant en Égypte, dont les chefs étaient Cadmos et Danaos, furent chassés vers la Grèce. Dirigés par un certain Moïse, les Juifs auraient fondé Jérusalem et divisé le peuple en douze tribus : ils croient que le ciel est dieu. Hécatée inclut dans son texte une paraphrase d'un verset de la Torah, tirée du Lévitique (XXXVII, 34) : « Tels sont les commandements que l'Éternel donna à Moïse pour les enfants d'Israël, au mont Sinaï. »

« Un peuple de philosophes-nés »

Au milieu du IVe siècle avant notre ère, les historiens et géographes grecs commencent à se familiariser avec l'existence des Juifs. Dans *Indica*, son traité ethnographique sur l'Inde, Mégasthène (c. 350-290), envoyé comme ambassadeur à la cour indienne par le roi séleucide Seleucos Ier Nicator, les compare aux brahmanes indiens ; Clément d'Alexandrie citera un passage de ce texte montrant la proximité d'alors entre la pensée juive, la pensée grecque et quelques brahmanes : « Toutes les opinions exprimées par les Anciens sur la nature se retrouvent aussi chez les philosophes en dehors de la Grèce, quelques-unes chez les Indiens brahmanes, les autres en Syrie chez ceux qu'on appelle Juifs. »

Vers – 320, Cléarque de Soles, un élève d'Aristote, évoque les Juifs dans ses écrits sur les cultures orientales, de la Perse à l'Inde. Dans le *De Somno*, il imagine une conversation en grec entre Aristote et un Juif originaire de Cœlé-Syrie (Liban actuel). Aristote y explique que les Hébreux sont les descendants de philosophes indiens. Ce passage est cité par Flavius Josèphe dans son *Contre Apion* (I, 22) : « Ils sont appelés par les Indiens *calani* et par les Syriens *Judaei*, et ont pris le nom du pays qu'ils habitent, qui s'appelle Judea. » D'après Cléarque, cet interlocuteur juif d'Aristote était grec « non seulement par la langue, mais aussi par l'âme ».

Au même moment, Théophraste d'Érèse (Lesbos) (c. 372-288), un autre disciple d'Aristote et son successeur au Lycée, parle lui aussi des Juifs. Il les décrit comme un « peuple de philosophes-nés » (*philosophoi to genos ontes*). Pour lui, c'est le peuple juif entier qui est « philosophe », et non une petite caste à l'intérieur d'un peuple, comme les brahmanes ou les *calanoi* en Inde, les Mages en Perse ou le clergé en Égypte. « Vraiment, dit Théophraste, les Syriens, dont les Juifs constituent une partie [*kaitoi syron, hon men ioudaioi*], continuent à sacrifier des victimes animales, selon leur ancienne pratique ; [...] pendant tout le temps du sacrifice, comme c'est un peuple de philosophes, ils discutent entre eux de la divinité, et observent les étoiles en s'adressant à Dieu par des prières [...]. » Les Grecs intègrent ainsi l'idée qu'un autre peuple est parvenu, différemment, à la même conclusion qu'eux, et avant eux : l'unicité de la cause du monde.

La bibliothèque d'Alexandrie

En – 322, Aristote meurt, et Démosthène, né la même année que lui, se suicide. Théophraste prend la tête du Lycée d'Athènes, puis devient à Alexandrie précepteur de Ptolémée II, le deuxième successeur d'Alexandre en Égypte, qui prend le pouvoir en – 283.

Un autre des disciples d'Aristote, Démétrios de Phalère, à qui Cassandre avait confié la mission de gouverner Athènes, est chassé du pouvoir dans la ville. Il devient vers – 307, à Alexandrie, le conseiller de Ptolémée II. Il le convainc qu'on ne peut pas régner sans tout connaître du savoir de ses ennemis et de ses voisins. Le roi lui donne alors les moyens nécessaires pour rassembler à Alexandrie tous les savoirs du monde, selon le projet d'Aristote. Ptolémée écrit à l'ensemble des souverains du monde connu pour leur demander de lui envoyer toutes les œuvres de tous les auteurs, poètes, prosateurs, rhéteurs, sophistes, médecins, devins, historiens de leur civilisation. Il ordonne aussi de saisir tous les livres trouvés sur les navires faisant escale à Alexandrie, et de n'en rendre que des copies à leurs propriétaires. La plus grande chasse aux textes de l'Antiquité est ainsi lancée. Près de deux cent mille rouleaux sont déjà rassemblés.

Pour abriter ces manuscrits, Ptolémée entreprend de faire construire une bibliothèque, en même temps centre de recherche : le Musée. Afin de les fixer dans leur forme la plus authentique, il fait venir à Alexandrie des grammairiens, des traducteurs, des philologues, des philosophes, des historiens, et les loge dans l'un de ses palais. L'honneur d'en être devient très vite l'ambition suprême de tous les savants du monde méditerranéen. L'objectif est de réunir l'ensemble des textes qui méritent de l'être et de les inscrire dans l'éternité : c'est le « canon alexandrin ».

L'intention n'est pas de réserver ces connaissances à quelques privilégiés initiés, mais bien de les faire connaître, de les disséminer. La première mission de ces traducteurs et grammairiens est de mettre au point un texte définitif des œuvres d'Homère. Jusque-là, chaque cité grecque en avait sa propre version. Les savants d'Alexandrie les collationnent et établissent le texte qu'ils décident être l'original. Puis ils mettent au point de la même façon les textes d'Hésiode, de Pindare, d'Épicure, de Platon, d'Aristote. Le troisième successeur de Démétrios à la tête de la bibliothèque élaborera un catalogue exhaustif de la littérature grecque : les « Tables des Personnalités dans chaque branche du savoir et liste de leurs écrits ».

La Septante

Démétrios fait aussi appel à des spécialistes pour faire traduire en grec les textes sacrés des peuples de la région (égyptiens, chaldéens, babyloniens, sumériens, assyriens, juifs), qui sont reconnus par les Grecs comme les bases du droit civil applicable pour les diverses communautés étrangères de la ville.

Il veut en particulier faire traduire la Torah en grec. Les Juifs hellénophones disposent depuis longtemps, on l'a vu, pour leur usage communautaire, de traductions en grec de certains passages de la Torah, les plus utiles pour prier. Mais un texte complet est nécessaire, car la législation de la communauté juive est désormais reconnue devant les tribunaux ptolémaïques, et la Torah est considérée à Alexandrie « nomos politikos » (« loi civique ») des Juifs.

Selon une tradition rapportée ultérieurement, Démétrios, vers – 270, fait traduire la Torah par soixante-douze traducteurs. Plus de trois siècles plus tard, un écrivain juif installé à Rome, Flavius Josèphe (dans le tome XII de ses *Antiquités judaïques*), citera une lettre (dite d'Aristée), datée approximativement du IIe siècle avant notre ère. Dans cette lettre, cet Aristée raconte à son frère comment, un siècle et demi plus tôt encore, la Torah aurait été traduite en grec par soixante-douze sages juifs. Cet Aristée serait un Juif d'Alexandrie ayant vécu au IIe siècle avant notre ère (qui se fait passer pour un Grec et dont on ignore le nom juif). Il voudrait, par cette lettre, faire connaître les conditions de la traduction de la Torah à Alexandrie. Selon lui, Démétrios aurait demandé au grand prêtre de Jérusalem, Éléazar, de désigner six sages par tribu, « tous remarquables par leur piété, leurs connaissances dans la tradition juive et leur maniement de la langue grecque ». Ces soixante-douze érudits auraient été invités à Alexandrie et enfermés séparément dans soixante-douze cellules dans un souterrain de l'île de Pharos. Ils auraient rédigé soixante-douze traductions de la Torah en soixante-douze jours. Ces traductions se révélèrent rigoureusement identiques. Au point même que chaque traducteur aurait corrigé de la même façon douze erreurs du texte qui leur avait été remis à traduire.

Ptolémée II aurait ensuite soumis ces soixante-douze sages à un interrogatoire philosophique « dont nul philosophe grec n'aurait pu s'acquitter avec autant de brio ». D'après Aristée, en signe de gratitude, Ptolémée II leur aurait offert un banquet de sept jours et se serait prosterné sept fois devant la Torah. Il aurait alors libéré tous les esclaves juifs asservis par ses prédécesseurs. Selon cet Aristée, Démétrios aurait imposé que cette traduction demeure immuable. Elle devient alors ce qu'on nommera, à partir du VIIIe siècle de notre ère, la « Bible » (« le livre » en grec).

Au-delà de ce récit, probablement légendaire, cette Septante, ainsi nommée en référence aux soixante-dix traducteurs, a certainement existé. Elle est sans doute le fruit de la compilation de maints fragments traduits antérieurement pour un usage communautaire. Plusieurs manuscrits de la Septante, dont trois complets, nous sont parvenus, légèrement différents ; ils datent tous des premiers siècles de notre ère.

Simultanément, dans cette même ville d'Alexandrie bouillonnante, des savants grecs travaillent : Euclide élabore une axiomatique ; Hérophile et Érasistrate inventent l'anatomie ; Érathostène décrit la Terre et en calcule la circonférence ; Ctésibios fonde la mécanique moderne.

Au même moment, à Qumran, en Judée, d'autres Juifs rédigent et stockent des textes de la Torah venus de partout. On y trouve en particulier le plus ancien texte connu d'Isaïe et, justement, des fragments de la Septante.

Traduction, trahison

Cette traduction de la Torah, devenue la Bible, est parfois trompeuse. Par exemple, elle utilise le mot « Paradeisos » pour décrire l'« enclos de la Genèse », le jardin donné par Dieu à Adam et Ève, le confondant – ce qui n'est pas dans la Torah – avec le « séjour des justes » (pareïs) après la mort. De même, le passage disant : « Ve Haaretz Hayeta Tohou vaBohou » (« Et la terre était Solitude et Chaos »), est traduit à tort dans la Septante par : « Et la Terre était invisible et désordonnée. »

Cette traduction n'intéresse pas immédiatement les Grecs d'Alexandrie. Aristophane de Byzance et Aristarque de Samothrace (qui poursuivent, après Démétrios, le grammairien alexandrin Zénodote et le poète grec Callimaque, l'élaboration du « canon alexandrin ») ne marquent nul intérêt pour ce texte, leur fût-il accessible en grec. Les rares Grecs qui s'y intéressent y découvrent que la vision juive du monde se veut aussi universelle que la leur (par le Décalogue, le récit de la création de l'univers, du premier couple, du Déluge, de Job). Et ils reprochent aux Juifs leur dieu guerrier, violent, péremptoire, jaloux, prompt à la vengeance.

La Septante semble avoir atteint son objectif : certains papyrus juifs de l'époque attestent que cette traduction est bien utilisée comme code de référence par les tribunaux grecs.

Mais, dans la communauté alexandrine, un groupe de Juifs orthodoxes, les Talmidei 'Hakhamim (les Sages de la Torah), s'opposent à la mixité, à l'hellénisation et à la traduction en grec de la Torah, craignant que celle-ci ne dénature la singularité juive et n'entraîne la disparition du judaïsme dans le monde grec. Pour eux, la traduction de la Torah en grec ne peut apporter que le malheur. Deux siècles plus tard, le Talmud (Soferim, 1, 7, Méguila) racontera même que cinq anciens ont traduit la Torah en grec et que ce jour fut aussi tragique pour Israël que celui du Veau d'or ; et les sages décrétèrent même trois jours de jeûne pour pleurer une pareille catastrophe... Ces Juifs particulièrement soucieux de leur intégrité accusent aussi les philosophes grecs d'avoir caché s'être inspirés d'eux. Pour eux, par exemple, Platon ne serait qu'une vague imitation de Moïse.

Ces craintes vont bientôt se trouver justifiées. Des « dissidents » du judaïsme vont en effet désormais utiliser la Bible pour transformer le discours juif en un discours grec, passer de la fermeture sur soi à l'ouverture au monde, et faire surgir un « nouvel Israël » : le christianisme. Cela passe par une période particulière où s'affrontent foi et raison dans deux conceptions de la Révélation.

CHAPITRE 7

L'Eurêka et la révélation de l'Unité

(IIIe et IIe siècle avant notre ère)

Les pensées juive et grecque s'approchent désormais de plus en plus, comme deux fleuves, d'un point de convergence : toujours l'obsession de l'unité. Cela va conduire à la rationalisation de la foi et à la théologisation de la science, à travers un concept commun aux deux qui s'installe progressivement à partir du IIIe siècle avant notre ère : celui de « révélation ». Pour l'une, révélation par l'effort de la raison ; pour l'autre, révélation par dépassement de la raison. Dans les deux cas, il y a la découverte éblouissante d'une unité du monde et du sens. Là se précise la nature de l'Occident et se joue son destin.

L'Eurêka d'Archimède

Dans le monde grec, l'idée de la révélation n'est pas naturelle : la foi grecque en ses dieux n'est jamais exprimée par une révélation, un choc, une découverte brutale de leur existence ; elle n'est pas révélée, mais pensée, racontée, enseignée, imposée. La révélation apparaît, bien plus tard, par la raison : par Archimède.

Contemporain d'Ératosthène, fils d'un astronome, Archimède naît à Syracuse, en Sicile, vers – 287 ; les Carthaginois dominent alors l'ouest de l'île, tandis qu'à l'est, autour de Syracuse, un ami de son père, le roi Hiéron II – allié des Romains, nouvelle puissance régionale –, prend le pouvoir quand Archimède a aux alentours de 16 ans ; il régnera pendant cinquante-quatre ans, jusqu'à sa mort en – 215, à l'âge de 92 ans.

On suppose qu'Archimède parachève ses études à Alexandrie ; il en connaît en tout cas des professeurs (Conon de Samos, Dosithée de Péluse et Ératosthène de Cyrène), avec qui il correspondra plus tard. En – 264, il est de retour à Syracuse et étudie la géométrie, l'astronomie, la mécanique et l'optique. Il établit le principe de la roue dentée, grâce auquel il construit un planétarium représentant l'Univers connu de son temps. On lui attribue l'invention de machines de guerre – catapultes, scorpions, miroirs ardents, vis hélicoïdales –, de systèmes à poulies multiples, de la balance, de l'orgue hydraulique, et surtout du levier, sûrement connu depuis l'Antiquité la plus ancienne. Selon Plutarque, il aurait écrit à Hiéron, à propos du levier : « S'il y avait une autre Terre où se tenir, je pourrais soulever celle-ci. » Vers – 240, il conçoit le plus grand navire de l'Antiquité, le *Syracusia*.

Son nom est associé à une soudaine découverte : selon Vitruve, le roi Hiéron aurait fourni à un orfèvre une certaine quantité d'or à façonner en une couronne. Hiéron aurait demandé à Archimède de déterminer si cette couronne était effectivement constituée uniquement d'or ou si l'orfèvre en avait gardé pour lui. Dans sa baignoire, Archimède aurait crié « Eurêka ! » en trouvant la solution : il suffit de mesurer le volume de la couronne en le comparant au volume d'eau déplacé quand on la plonge dans l'eau ; on peut alors calculer ce que serait son poids en or et vérifier ce poids en la pesant (cela n'a aucun rapport avec la poussée d'Archimède, dont la légende veut qu'il l'ait aussi découverte dans son bain : la masse volumique n'a rien à voir avec la poussée).

Quand Archimède s'écrie « Eurêka ! », il n'imagine pas que l'on va bientôt interpréter cela comme l'annonce d'une révélation, comme si les Muses lui avaient soufflé la réponse, comme si la raison était accessible par la transcendance. « Eurêka » est en fait l'expression de la jubilation d'avoir, à force de réflexion, percé un mystère, découvert une solution, compris qu'une énigme de la Nature est à la portée de la raison humaine. « Eurêka » exprime aussi le passage du multiple (toutes les possibilités) à l'unique (la solution). La révélation rationnelle renvoie donc impérativement à l'unique.

Cette révélation d'Archimède constitue un moment-clé : il devient clair pour les Grecs que la nature du monde est à la portée de l'intelligence humaine ; que la découverte des secrets du monde peut se produire en un éclair, se révéler en un instant, après un long travail de maturation ou par une intuition brutale ; que la révélation renvoie à la même illumination que la foi.

De fait, en grec, les mots qui désignent le travail de la raison en reprennent d'autres conçus pour exprimer des concepts théologiques. Ainsi, le mot « théorie » vient probablement de *theos* (le dieu) et désigne aussi ce qui est un objet d'étonnement, d'émerveillement. L'étymologie dit également *thea*, « spectacle », et *oros*, « qui observe ». « Théorème » désigne ainsi le processus de raisonnement devant amener à rendre maîtrisable ce qui était jusque-là inatteignable. Le théorème relève donc de la révélation dans son essence même : grâce à lui, tout s'éclaircit ; le monde se « révèle » sous un jour nouveau ; il prend du sens ; il s'unifie.

On appelle aussi *theorôs* un ambassadeur assistant à des cérémonies religieuses d'importance, ou encore une personne consultant un oracle. De ses observations, un *theorôs* tire des *theoria*, comptes rendus qu'il envoie chez lui.

En – 214, un an après la mort de Hiéron, Syracuse conclut un accord avec Carthage ; le consul romain Marcellus échoue dans la conquête de la ville, protégée par des machines et les ruses de guerre conçues par Archimède. Deux ans plus tard, la ville finit tout de même par tomber. Selon la légende, Archimède, absorbé par une démonstration, ne s'en serait même pas rendu compte ; il meurt au cours du pillage qui s'ensuit. Les Romains regretteront cette disparition. Deux siècles plus tard, Cicéron, questeur en Sicile, admirera deux globes célestes, dont un planétarium mobile, construits par Archimède et restaurera son tombeau, négligé par ses compatriotes. Rome reconnaît enfin sa dette à l'égard d'Athènes.

La révélation juive, au-delà de la raison

À cette révélation par l'effort de la raison, le judaïsme oppose la révélation comme dépassement de la raison. La foi est, pour le judaïsme, la reconnaissance de l'existence d'une force supérieure, qui régirait le cheminement de la réflexion philosophique. De fait, la révélation est consubstantielle à l'histoire du monothéisme : Dieu se révèle à Abraham, à Moïse et à d'autres. Il ne se montre jamais ; Il se révèle par la parole. Il parle à Adam, Noé, Abraham, Moïse. Les Juifs sortent du panthéon égyptien quand un dieu unique se révèle à eux. Ils passent par cette révélation du multiple à l'unique. Ce dieu, créateur du cosmos et de ses règles immuables, transgresse ses lois en se présentant au Sinaï non pas comme l'aboutissement de la raison (Eurêka), mais comme son absolu dépassement. Après la sortie d'Égypte, la Torah est « révélée à Moïse » par un Dieu qui ne se montre pas et qui parle par un texte contenant les sens cachés de l'univers.

La révélation divine est donc, comme la révélation par la raison, passage du multiple à l'unique. Pour les Hébreux, lorsque les Grecs abandonnent leur panthéon pour se consacrer à la philosophie, ils accomplissent leur propre sortie d'Égypte, passant aussi du multiple de l'Olympe à l'unique de l'Académie.

La foi n'interdit pas de chercher à comprendre le monde. Elle se place sur un tout autre terrain. Pour les Juifs, Dieu se donne à voir aussi par la raison ; la science est la recherche de l'unité des causes, qu'on peut appeler Dieu. Aussi, jamais la pensée juive ne s'opposera à la recherche scientifique : pour eux, la raison est une sous-catégorie de la révélation, car la raison est trop faible pour comprendre le monde ; et même pour comprendre la raison, car bien des idées, inventions, raisonnements surgissent hors de la raison, par une révélation.

L'étude du texte emploie les mêmes méthodes que l'étude scientifique : dévoiler ce qui est derrière l'apparence, et chercher sans cesse à jeter des ponts entre des domaines apparemment sans rapport pour créer leur unité.

L'étude est même plus importante que la foi : parmi les 613 commandements que comporte la Torah, pas un seul ne concerne la croyance en Dieu, alors que le plus important de tous consiste en l'étude du texte. Lorsque le Talmud pose la question de savoir s'il vaut mieux étudier la Torah sans la pratiquer que pratiquer la Torah sans l'étudier, la décision des sages est unanime : l'étude l'emporte sur toute sorte de pratique. Voire sur toute forme de croyance. Le Talmud va même jusqu'à arguer que l'on peut enseigner la Torah à quelqu'un dont l'intention serait de lui nuire, et de nuire à Dieu. Comme si, sûre d'elle, la Torah finirait par retourner le malin contre lui-même et par le convaincre de l'inanité de ses mauvaises intentions.

La révélation continuera jusqu'au Ve siècle avant notre ère par les prophètes. Le Messie viendra la faire renaître. Le sens premier d'« apocalypse » (*apokálupsis*) est d'ailleurs l'action même de découvrir, de retirer le voile, d'aboutir à la révélation finale, faisant connaître au genre humain le sens de son destin.

Alexandrie et l'assimilation juive : les Thérapeutes et les passions

Pendant ce temps, à Alexandrie, toujours sous le contrôle des Grecs et des rois lagides, toutes les communautés étrangères écrivent en grec des récits de leur histoire spécifique pour faire connaître leurs racines à leurs voisins.

En particulier, les écrivains juifs écrivent en grec l'histoire juive ; ils s'efforcent de le faire en pensant en grec, selon les catégories grecques.

Certains, pour se défendre contre l'envahissement du judaïsme par la pensée grecque, visent à montrer que toutes les autres cultures, toutes les autres cosmogonies, se sont inspirées de la pensée juive. Pour un certain Artapanos (historien juif d'Alexandrie entre la seconde moitié du IIIe et le IIe siècle avant notre ère), Abraham est le fondateur de l'astrologie, tandis que Moïse est le père de toute culture, en particulier des cultes égyptiens, et le maître des crues du Nil ; son nom même aurait inspiré celui du fils d'Orphée, Musaios. Au même moment, un certain Cléodèmos explique que les trois fils d'Abraham sont les compagnons d'Héraclès. Pour un certain Numénius d'Apamée : « Qu'est-ce donc que Platon, sinon Moïse parlant attique ? » Un certain Aristobule, qui écrit vers – 160 à Panéas, ville située près des sources du Jourdain, veut même démontrer les origines juives de la pensée grecque ; pour lui, Hésiode, Homère, Platon et ses successeurs se sont inspirés de la Torah, qui aurait, dit-il, été traduite en grec bien avant la Septante. Il écrit : « On voit bien que Platon et ses successeurs ont suivi la loi de Moïse, qu'ils en ont scruté les moindres détails. Le livre de Moïse a été traduit avant Démétrios, avant la conquête d'Alexandre sur les Perses, et ont été données des explications de la Loi tout entière. Il est clair que les philosophes y ont pris beaucoup. »

À ce moment – le IIe siècle avant notre ère –, le lien entre les pensées juive et grecque s'enrichit et devient plus explicite dans une secte syncrétique. Selon Philon d'Alexandrie, historien juif qui écrira bien plus tard, il existe alors à Alexandrie une « secte » juive qu'il nomme les « Thérapeutes ». Elle associe la mystique juive, la pratique de la méditation et le raisonnement théorique en une synthèse de la Torah et de quatre grandes écoles de pensée grecque : le Jardin d'Épicure, l'Académie de Platon, le Lycée d'Aristote et la Stoa de Zénon.

Les Thérapeutes cherchent à rattacher toute chose à sa cause première, qui est, selon eux, l'« Être ». Pour eux, l'homme se perd s'il rompt ce lien avec sa cause première, s'il défigure « l'image de Dieu en l'homme », s'il se conduit, dira Philon en décrivant les Thérapeutes, comme « un cavalier ayant perdu la maîtrise de son attelage et est emporté par des chevaux fous ». Très belle métaphore : l'homme se perd si le multiple – les chevaux – l'emporte sur l'unique – le cavalier. Le cavalier, l'unique, doit maîtriser les chevaux fous, le multiple.

Les Thérapeutes, écrit Philon, se prétendent capables de soigner « ces maladies pénibles et difficiles à guérir que sont l'attachement au plaisir (*hedonè*), la désorientation du désir (*épithumia*), la tristesse (*lupè*), les phobies (*phoboi*), les envies (*pleoneziai*), l'ignorance (*aphrosunai*), le non-ajustement à ce qui est (*adikiai*) et la multitude infinie des autres pathologies (*pathôn*) ». Pour eux, la révélation de l'unité de Dieu, cause et source de tout, est capable de guérir de tous ces maux, de tous ces désordres psychiques.

L'hellénisation de la pensée juive

Le grec est de plus en plus considéré comme la langue la plus proche de l'hébreu. On dit désormais, à Alexandrie et ailleurs, qu'il est licite d'écrire un rouleau de la Torah en grec, et, selon Rabbi Shimon ben Gamaliel, c'est même, hors de la « langue du sacré » (l'hébreu), la seule langue dans laquelle on puisse le faire.

Des mots grecs passent alors en hébreu : *agora*, la place du marché ; *apiqoros*, un épicurien, désigne un impie ; *triqlin*, la salle à manger ; *apitropos*, le tuteur ; *kategor* et *sanegor*, l'accusateur et l'avocat ; *sanhédrin*, de *synedrion*, l'assemblée qui juge.

Mots et concepts grecs abondent dans les récits interprétatifs à dimension juridique et symbolique composés suivant le texte biblique, qui fleurissent à l'époque et qui seront plus tard regroupés dans le Talmud et le Midrash.

Ainsi, un Midrash raconte la bénédiction de Noé à ses fils Yaphet, Sem et Cham : « Que Dieu agrandisse Yaphet ! Que [Yaphet] réside dans les tentes de Sem et que Canaan [Cham] soit leur esclave ! » Or, Sem désigne Israël, et Yaphet – en hébreu Yafet, qui a un fils nommé Yavan – désigne la Grèce. Intégrer la beauté de Yaphet aux tentes de Sem, c'est trouver les aspects positifs de la Grèce pour les apporter à la Torah.

Dans un texte qu'on retrouvera dans le Talmud, qui commence à s'écrire à Jérusalem, étudier la pensée grecque est autorisé, avec mesure. Rabbi Shimon ben Gamaliel note : « Il y avait mille jeunes hommes dans la maison de mon père, dont cinq cents étudiaient la Torah et cinq cents étudiaient la sagesse grecque. À son neveu qui lui demande : "Moi qui ai étudié toute la Torah, puis-je étudier la sagesse grecque ?", un autre sage, Rabbi Yichmaël, répond de s'occuper de la Torah, en citant Josué, I, 8 ("Tu la méditeras jour et nuit") ; mais il ajoute : "Trouve-moi une heure qui ne soit ni du jour ni de la nuit, et étudie alors la sagesse grecque." » On peut donc l'étudier au crépuscule et à l'aube. La méfiance reste cependant de mise ; dans le Talmud, il est aussi question d'un maître que l'on désigne comme « Akher » (en hébreu, « l'Autre »), en fait Elisha ben Abouya, le maître de Rabbi Meïr, grand érudit devenu grand impie, qui notamment étudiait des livres de philosophie et chantait de la poésie grecque : « Maudit soit celui qui élève des porcs et maudit soit celui qui enseigne à son fils la sagesse du grec » (TB Sota 49b et Baba Kama 82b).

La Mishna Yadaïm (IV, 6-8) rend compte d'une discussion où certains disent qu'il n'y a pas plus de rapport entre les Livres saints et l'œuvre d'Homère qu'entre le cadavre du grand prêtre et celui d'un âne. Les ossements d'un âne sont purs et ceux de Yo'hanan, le grand prêtre, sont impurs ; les Écritures saintes rendent les mains impures là où, dit la

Mishna, les écrits d'Homère n'accompliraient rien de tel. Le Talmud Méguila (9b) explique que, quand Noé bénit son fils Yaphet (Genèse, IX, 27 : « Que Dieu étende Yaphet, et qu'il réside sous les tentes de Sem »), Yaphet désigne la langue grecque et « doit résider dans les tentes de Sem » signifie dans la communauté d'Israël. Autrement dit, selon le Talmud, Dieu ordonne aux Juifs de parler grec.

Enfin, cette si belle métaphore : le Midrash Cha'har Tov explique que le mot *Tsion*, qui désigne Israël, peut se décomposer en la lettre Ts [*addiq*], qui désigne la sagesse, et les lettres youd (I), vav (O) et noun (N), qui forment le mot Yavan, l'Ionie : ainsi, au cœur du judaïsme se trouverait la sagesse de la Grèce.

Jérusalem ou la résistance juive : les Maccabées et Hanoukka

En – 200, le pouvoir en Judée passe à d'autres successeurs d'Alexandre : le roi séleucide du moment, Antiochos III Mégas, bat le roi lagide Ptolémée V et prend, entre autres, le contrôle de la Judée. Les Lagides conservent le pouvoir en Alexandrie.

Alors que chez les Lagides les Juifs coexistent pacifiquement avec les Grecs, chez les Séleucides ils se révoltent. Jérusalem devient le lieu d'une résistance à la servitude politique et à l'assimilation intellectuelle, l'une et l'autre acceptées par les Juifs d'Alexandrie.

Une nouvelle grande puissance militaire, Rome, s'installe alors dans toute l'Europe et au-delà, renouant avec le rêve inachevé d'Alexandre le Grand.

Les Romains veulent faire de Rome la capitale du monde, et pour cela reprennent à leur compte en les transposant les dieux grecs et les acquis de leurs philosophes. Ce n'est ni la première ni la dernière fois qu'un vaincu conquiert l'âme du vainqueur et lui impose, pour un temps, sa conception du monde. La pensée grecque continue de vivre, cette fois au cœur d'un empire d'une tout autre puissance. Des communautés juives s'y installent aussi.

Les Romains récupèrent, copient, exploitent le modèle grec sans jamais réellement reconnaître leur dette. Ils inventent même la dénomination « les Grecs », alors que ces derniers se nommaient, et se nomment toujours, « Hellènes », nom qui commence alors à désigner tous les polythéistes. Les Romains reprennent certains de leurs dieux et de leurs fêtes, assimilant même leurs propres dieux à des dieux grecs pour en faire des éléments d'une histoire nationale. Ils choisissent une trilogie de trois dieux dominants : Jupiter, Mars, Quirinus. En outre, ils instaurent à partir de la mort d'Auguste un culte rendu aux empereurs défunts. Et, pour eux non plus, aucun obstacle à la raison. La foi ne saurait brimer la philosophie.

Quelques années plus tard, les armées romaines font main basse sur l'Empire séleucide, sans pour autant renverser la dynastie. Elles exigent d'Antiochos III, puis de son fils Seleucos IV Philopator, un lourd tribut qui conduira ce dernier à accroître de façon colossale la fiscalité en Judée et à puiser dans le trésor du Temple. Cette situation soulève l'indignation à Jérusalem, et Antiochos IV Épiphane, qui a succédé à son frère en – 175, en vient à interdire le judaïsme et à consacrer le Temple de Jérusalem aux dieux romains.

En – 168, il organise le pillage du Temple et y installe un autel au dieu Baal ; en – 167, il ordonne d'y offrir des porcs en holocauste et interdit la circoncision.

La résistance commence avec un nommé Mattathias ; elle continue avec son troisième fils, Judas Maccabée, et ses frères Jonathan et Simon, qui fondent en – 168 une dynastie dite hasmonéenne (du nom d'un imaginaire Hasmon, arrière-grand-père de Mattathias). La dynastie s'achèvera en 37 avec le dernier des Hasmonéens, Antigone II Mattathias. D'un Mattathias à l'autre, la résistance contre l'assimilation se poursuit.

En – 166, les Maccabées battent les troupes d'Antiochos, et en – 164 Judas Maccabée s'empare de Jérusalem et procède à la purification du Temple, qu'il restitue au culte juif. Hanoukka fête l'inauguration renouvelée du Temple au lendemain de cette victoire contre Antiochos. Les Romains ne réagissent pas à cette défaite de leur vassal séleucide.

En – 161, les troupes judéennes commandées par Judas Ier Maccabée écrasent les armées séleucides.

Judas Ier signe alors lui-même un traité de paix et d'entente avec le Sénat de Rome. Dorénavant, Rome et Israël se doivent secours et assistance.

Mais la guerre continue. En – 160, Judas Ier meurt au cours de la bataille d'Élasa, près de Jérusalem. En – 158, Jonathan Ier, son frère, lance un nouvel assaut contre les Séleucides, qui capitulent ; un traité d'entente est signé entre Jonathan Ier et Démétrios ; tous les prisonniers judéens sont libérés, et Jérusalem est de nouveau abandonnée à Jonathan. Bientôt, profitant d'un conflit entre les deux prétendants au trône séleucide, Jonathan obtient d'être reconnu par Démétrios II « grand prêtre » et « premier ami ». Des franchises fiscales lui sont accordées. Peu à peu, les armées romaines s'approchent de la Judée, ne laissant plus qu'aux seuls Séleucides le soin de gérer ce peuple rétif à toute assimilation dans la puissance romaine, elle-même réplique de la gloire grecque.

Cette situation troublée construit le contexte dans lequel va émerger la plus grande des révolutions juives, résultat de sa rencontre avec l'hellénisme, une nouvelle révélation : le christianisme. Et c'est au moment où le dialogue judéo-grec est ouvert, fructueux et prometteur qu'une religion issue de lui va le faire oublier, disparaître, pour plus d'un millénaire.

CHAPITRE 8

Le christianisme, rencontre judéo-grecque : de l'Unité à la Trinité

(du Ier siècle avant notre ère au Ier siècle de notre ère)

Le particularisme juif et l'universalisme grec donnent ensemble naissance à une foi nouvelle, qui retient une part essentielle de l'un et de l'autre, pour envoyer à l'ensemble de l'humanité un message « ni juif ni grec ». Un message d'unité. Un message universel – en grec, *katolikos*.

La résonance de ce message est très largement préparée par l'évolution qui se joue alors dans la région, tant dans la ville judéo-grecque par excellence, Alexandrie, qu'à Jérusalem.

L'évolution judéo-grecque en Alexandrie : Philon

Quand commence ce Ier siècle avant notre ère, Alexandrie est une énorme ville de plus de 500 000 habitants. Elle est toujours la capitale de l'Empire lagide et à son apogée intellectuel. Les

Juifs hellénisés s'y sont convertis au génie grec, et de plus en plus de Grecs se laissent séduire par le judaïsme, dans une vision universelle. En – 47, Jules César incendie la flotte lagide dans le port d'Alexandrie, et le feu détruit une partie de la bibliothèque. Après la mort de César, l'Égypte de Cléopâtre VII, ralliée à Antoine, le rival d'Octave, est vaincue à Actium en – 31 et intégrée à l'Empire romain en – 30. La dynastie lagide prend fin. Rome prend le pouvoir à Alexandrie après l'avoir pris à Jérusalem.

Cela ne modifie pas la vie juive à Alexandrie, sinon que Rome devient un élément du débat judéo-grec. De – 20 avant notre ère à 50 après, l'un des principaux représentants de cette convergence judéo-grecque est un Juif d'Alexandrie, Philon. Il écrit en grec pour les non-Juifs, et il utilise Homère, Hésiode et Platon pour démontrer la vérité du texte de Moïse.

Il fait de Moïse l'inspirateur des penseurs grecs. Il écrit : « Moïse, qui avait atteint la cime de la philosophie, et qui, par des oracles, avait appris de nombreuses vérités parmi les plus complexes de la nature, savait bien que, de toute nécessité, il existe dans les êtres une cause active et une cause passive. Il savait que la cause active est l'Intelligence créatrice, universelle, absolument pure et sans mélange, supérieure au Bien. »

Philon, qui n'est peut-être pas hébraïsant, malgré toute sa science biblique acquise en grec, explique que tous les concepts philosophiques grecs sont déjà inclus dans la Torah sous forme métaphorique :

Adam est la métaphore de la pensée, Caïn celle de l'égoïsme, Abel celle de la piété, Abraham celle de l'éducation. Selon lui, les Grecs, par la multiplicité de leurs écoles, de leurs pensées et de leurs systèmes du monde, ont surtout permis de dégager la dimension philosophique de la Torah. Par exemple, il déduit de la traduction de « Tohu-Bohu » par « l'invisible » dans la Septante (traduction pour lui antérieure même au temps de Socrate) que Platon s'inspire de la Torah quand il écrit que le monde des idées (le logos), qui est invisible, est à l'origine de l'univers.

La poursuite de la rencontre judéo-grecque en Judée : Jésus

Au même moment, en Judée, comme à Alexandrie, se développent à l'intérieur du judaïsme des centaines de sectes, dont les plus importantes sont les pharisiens, les esséniens, les sadducéens, les zélotes, les nazaréens, les boéthusiens, les ébionites et les soferim.

Les pharisiens, dont le nom vient du mot *Piroush* (qui veut dire à la fois « séparation » et « explication »), perpétuent l'herméneutique censée les maintenir « séparés » de toute contamination extérieure, de toute corruption matérielle et spirituelle.

Les esséniens, « les pieux », se donneront aussi le nom de *Ya'had* (soucieux de préserver l'Unité, qui se dit *Yi'houd*). Se voulant plus rigoureux encore que les pharisiens, pratiquant le célibat et la chasteté, ils s'efforcent de sauvegarder un patrimoine culturel qu'ils considèrent comme mis en péril par l'influence des puissances étrangères en Judée. Ils sont l'équivalent des Thérapeutes d'Égypte, et les inspirateurs de tous les mouvements monastiques à venir.

Les zélotes, ou *Quiniim* (littéralement, « les jaloux »), sont des nationalistes intransigeants, prêts à la violence pour défendre l'identité juive. S'opposant aux dirigeants juifs qui collaborent avec les Romains, tels les hasmonéens, ils prennent les armes sous la direction de Judas de Gamala, dit Judas le Galiléen. Les Romains les nomment « sicaires » (assassins).

Les sadducéens – nom par lequel la Torah désigne les membres de la classe sacerdotale –, attachés au Temple, à Jérusalem, se veulent particulièrement fidèles à la Loi écrite et réfutent toute argumentation qui réinterpréterait le sens littéral du texte. Ils s'opposent à la démarche pharisienne qui privilégie la Torah orale et le Talmud. Leur influence est notamment très importante sous le règne de Jean Hyrcan, entre – 135 et – 104. Ils sont nombreux à siéger au Sanhédrin et à occuper des fonctions sacerdotales et politiques ; ils seront les principaux détracteurs de Jésus.

Enfin viennent les nazaréens. *Nazir*, « consacré », vient de *nazo*, « s'abstenir » (notamment de vin et de toute boisson enivrante). Selon une autre étymologie, *nazar* signifie « se vouer » et renvoie à une pratique consistant à faire vœu d'ascèse pour une période donnée. On sait peu de choses d'eux. Épiphane, hérésiologue judéo-chrétien du IVe siècle, mentionne une « secte nazaréenne » parmi les sectes juives d'avant le christianisme.

Et, justement, c'est à ce moment que naît quelque part en Judée celui qu'on nommera bientôt Jésus le Nazaréen. Jésus est alors un prénom courant, forme hellénisée de Yehoshua. Tout en lui est mystère : aucun texte ancien, en dehors des Évangiles un siècle plus tard, ne mentionne de ville du nom de Nazareth (la ville actuelle date de plusieurs siècles après le début de l'ère chrétienne). On lit dans l'Évangile de Luc : « jusqu'au sommet de la montagne sur laquelle Nazareth était bâtie » (IV, 29), or la Nazareth actuelle n'est nullement bâtie sur une montagne. Selon certains, Jésus n'était pas habitant de Nazareth, mais de Génésareth (la vallée de la branche), qui sera associé à une citation d'Isaïe (XI, 1) : « Puis un rameau sortira du tronc de Jessé et une branche naîtra de ses racines. » Le mot renvoie peut-être aussi à *natzor*, « surveillé », « gardé ». C'est ainsi que les Juifs orthodoxes désignaient alors, et désignent encore aujourd'hui, les disciples de Jésus.

L'activité de Jésus aurait duré entre dix-huit mois et trois ans au plus. Pas une ligne écrite de sa main, pas un seul témoignage direct. Étant lui-même un érudit et ne parlant pratiquement en hébreu ou en araméen que par citations de la Torah, il n'invoque

que le Dieu des Juifs, sans se prétendre son fils, si ce n'est qu'il parle de Dieu comme « mon Père », ce que font alors tous les Juifs. Il parle de « Dieu unique et véritable » (Jean, XVII, 3). Il dit aussi, lors de son dernier repas : « Cette coupe est la nouvelle alliance en mon sang, qui sera répandu pour vous » (Luc, XXII, 20), ce qui rappelle la prophétie de Jérémie : « Le temps vient, dit le Seigneur, où je ferai une nouvelle alliance avec la maison d'Israël et la maison de Juda » (XXXI, 31). Selon un texte plus tardif (les Actes des apôtres), Jésus aurait été accompagné dans son activité de douze apôtres.

Jésus reprend à son compte le cœur du judaïsme de ses pères, c'est-à-dire l'altruisme, et en particulier les versets 17-18 (chap. XIX) du Lévitique : « Tu ne haïras point ton frère dans ton cœur ; tu auras soin de reprendre ton prochain, mais tu ne te chargeras point d'un péché à cause de lui. Tu ne te vengeras point, et tu ne garderas point de rancune contre les enfants de ton peuple. Tu aimeras ton prochain comme toi-même. Je suis l'Éternel. » Il n'est évidemment pas le seul à parler ainsi en son temps. Le rabbin Hillel, son contemporain, n'a cessé de signifier l'importance du principe selon lequel : « Ce que tu ne veux pas que l'on te fasse, ne le fais pas à autrui, tout le reste est commentaire. » Il ajoute : « Va et étudie. » Rabbi Akiva résume l'ensemble de la Torah par le verset du Lévitique : « Tu aimeras ton prochain comme toi-même. »

En ces temps de violence extrême, on retrouve ce « Aime ton prochain comme toi-même » comme règle d'or dans le zoroastrisme (Dadistan – I Dinik, 94.5), le taoïsme (Dao De Jing, 49), l'hindouisme (Mahabharata, 5-15-17) et le bouddhisme (Udana-Varga, 5.18).

En 33 de notre ère, l'occupant romain décide de mettre fin à l'activité de celui qui n'est pour lui qu'un trublion, et le condamne à mort. Jésus s'écrie en araméen au moment de sa mort, crucifié par les Romains : « Eli, Eli, Lama Azavtani ? » (« Mon Dieu, mon Dieu, pourquoi m'as-tu abandonné ? »), c'est-à-dire un verset du Psaume 22. Jésus est donc juif par sa généalogie, sa mission d'espérance et de justice ; il est grec par son destin tragique : sa mort ressemble à celle de Prométhée et de Socrate.

Avec la croyance en sa résurrection, il devient « Christos », traduction de *mashia'h* (« oint »). Il laisse espérer la résurrection des corps, faisant de la pauvreté un moyen d'accès à la vie éternelle.

De Jésus à Paul de Tarse : « Ni juif ni grec »

En 37, quatre ans après la mort supposée de Jésus, les Romains prennent totalement le pouvoir en Judée. Ils éliminent le dernier des rois hasmonéens, Antigone II Mattathias, confient la gestion du royaume à Hérode, avant de faire de la Judée une province de l'Empire.

Paul, un Juif de Cilicie, devient chrétien quand Jésus lui serait apparu ressuscité sur le chemin vers Damas. Il tient à sa propre origine, ne cessant de répéter : « Moi, circoncis le huitième jour, de la race d'Israël, de la tribu de Benjamin, Hébreu né d'Hébreux, quant à la loi, pharisien. »

Paul veut établir une continuité entre Juifs et chrétiens en appliquant ce qu'il estime être les principes majeurs du judaïsme : la libération de l'esclavage, la croyance en un Dieu unique et l'amour de l'autre, passant par l'amour de soi.

Il veut fonder une religion universelle, pour tous les hommes. Une religion monothéiste, comme le judaïsme, et universelle, comme l'hellénisme. Mais, à la différence du judaïsme, reconnaissant l'existence d'un Messie, et, à la différence de l'hellénisme, ne reconnaissant plus aucun des dieux des divers peuples convertis à la foi nouvelle.

Paul veut une religion « ni juive ni grecque ». Pas « ni juive ni romaine ». Pour lui, ni le judaïsme ni la pensée grecque (dont il estime que la pensée romaine n'est qu'un avatar sans importance) ne sont universalisables : le monothéisme juif est trop contraignant ; le polymorphisme grec est trop complexe. Il faut allier, pense-t-il, le message spécifique du judaïsme avec l'universalisme grec. Pour cela, il veut alléger la pratique du judaïsme dans tous les domaines, en finir avec la circoncision, le shabbat, la kashrout. « La circoncision n'est rien, dit Paul s'adressant aux Galates, ni l'incirconcision, il s'agit d'être une créature nouvelle. » Pour lui, le peuple juif doit désormais jouer pour l'ensemble des hommes le rôle que Moïse joua pour le peuple juif : emmener l'humanité à travers la mer Rouge, lui confier une nouvelle Torah après avoir brisé la sienne, comme Moïse l'avait fait avec les premières tables.

Paul veut « convertir » l'ensemble des non-Juifs non plus à la Torah, mais à la Bible grecque. Aux Galates, peuple celte ayant émigré au centre de l'Asie Mineure et qu'il entend convertir, il dit : « Il n'y a plus maintenant ni Juif ni gentil, ni esclave ni homme libre, ni homme ni femme ; mais vous n'êtes tous qu'un dans Jésus-Christ » (Paul, Épître aux Galates, III, 28).

Il va aussi s'opposer à la pensée grecque, à ses dieux et à son discours de raison. Et d'abord à Aristote, et par exemple affirmer contre lui que le temps commence avec la création du monde.

Paul, pour sa part, transforme le Dieu de l'histoire en un Credo : le premier commandement du chrétien est de croire en Dieu, à la différence du judaïsme, qui n'en fait pas obligation.

Va ainsi se former, à l'intérieur du monde juif sous contrôle romain, une nouvelle version de la pensée judéo-grecque : toujours l'idée de l'unité et de l'universalité.

Le déplacement à Rome : les Testaments universels

Le christianisme ne peut plus alors se contenter de la Judée et du monde judéo-grec, trop éloignés des nouveaux maîtres du monde. Il doit gagner le centre du nouveau pouvoir : Rome. Et c'est un autre émissaire, un « apôtre », Simon bar Jona, devenu Pierre, qui s'en charge. Si Rome a pris le pouvoir par les armes sur le monde grec, l'ensemble judéo-grec va investir Rome et l'ensemble des anciennes conquêtes romaines.

Pour certains, sans Rome, il n'y aurait eu ni Athènes ni Jérusalem. Car Rome donne sens aux deux autres.

En arrivant à Rome, les premiers chrétiens y trouvent des Juifs, installés depuis au moins deux siècles dans toute l'Italie. Cicéron, qui meurt en – 43, les évoque d'ailleurs déjà quand il parle de la naissance de la rhétorique en Sicile, au sein d'une « race à l'esprit aiguisé et naturellement faite pour la discussion ». Tacite, consul en 97, sous l'empereur Nerva, est fasciné par leur divinité « unique, suprême, éternelle ». Il ajoute : « Les Juifs conçoivent par l'esprit seul le Dieu unique qu'ils révèrent. Ils regardent comme des impies ceux qui avec des matières périssables façonnent des figures de divinités à l'image des hommes. Leur Dieu est un être unique, suprême et éternel qui ne peut ni s'imiter, ni périr. C'est pourquoi ils ne tolèrent aucune statue dans leurs cités et à plus forte raison dans leurs temples, ils n'admettent point cette adulation pour les rois, cet honneur pour les Césars. [...] Pourtant les coutumes juives sont bizarres et moroses » (Histoires, V, 5).

Entre-temps, la colonisation romaine s'est faite plus impitoyable. La guerre finit par éclater en 66. En 70, Titus, fils de l'empereur Vespasien, triomphe des Juifs : dans la bataille, Jérusalem est saccagée et le Temple incendié. Pour sanctionner les Juifs, Vespasien leur impose une taxe infamante, en l'honneur de Jupiter Capitolin.

Les zélotes sont écrasés en 70 par l'armée romaine de Titus ; des centaines d'entre eux sont crucifiés ; d'autres optent pour le suicide collectif. Le Temple est détruit, le peuple dispersé. Jérusalem disparaît pour un temps de la carte du monde.

De la Torah aux Évangiles

L'Église chrétienne, copiant l'organisation de l'Empire romain, reprendra à son compte le monothéisme juif, la mythologie grecque (transposant la multiplicité des dieux en celle des saints) et la centralisation romaine. En y ajoutant l'espérance en l'immortalité par la résurrection. Avec, en même temps, une méfiance croissante, bientôt démesurée, à l'égard de la raison, supposée contraire à la foi.

L'Église romaine se défait de ses liens avec le judaïsme. D'abord, elle s'éloigne de la Bible, la Septante, qu'elle nomme désormais « Ancien Testament », et entreprend de rédiger une œuvre nouvelle, le « Nouveau Testament ». Le mot Testament vient du grec *diathéké* (contrat, convention), traduit en latin par *testamentus* (témoignage). Les quatre Évangiles (le mot « Évangile » n'apparaîtra qu'au XVIe siècle) sont traditionnellement attribués à des disciples de Jésus : Matthieu et Jean auraient été des témoins directs de la prédication de Jésus. Marc est un disciple de Pierre. Luc est un médecin, disciple de Paul et auteur des Actes des apôtres. Selon Irénée de Lyon (vers 130-202), disciple de Polycarpe (lequel aurait été compagnon de Jean), « Matthieu publia chez les Hébreux, dans leur propre langue, une forme écrite d'évangile, à l'époque où Pierre et Paul évangélisaient Rome et y fondaient l'Église. Après le départ de ces derniers, Marc, le disciple et l'interprète de Pierre, transmet lui aussi par écrit ce que prêchait Pierre. De son côté, Luc, le compagnon de Paul, consigna en un livre l'évangile que prêchait celui-ci. Puis Jean publia lui aussi l'évangile tandis qu'il séjournait à Éphèse en Asie ». Irénée ajoute qu'« il ne peut y avoir ni un plus grand ni un plus petit nombre d'évangiles. En effet, il y a quatre régions du monde dans lequel nous sommes et quatre vents principaux » (Adv. Hae. III, 11, 8).

En fait, bien que certains soutiennent, comme Irénée, que les Évangiles auraient été écrits en hébreu, puis traduits en grec, on peut admettre qu'ils ont été écrits directement en grec par la deuxième ou troisième génération de disciples, vraisemblablement entre 65 et 110. Celui de Marc aurait été écrit vers 70, celui de Luc vers 85, celui de Matthieu entre 80 et 90, et celui de Jean vers 110. Il semble qu'existait un autre texte dont trois des Évangiles se seraient inspirés. Le texte de référence du Nouveau Testament est définitivement établi au Ve siècle. Aucun ouvrage adressé aux communautés chrétiennes de Jérusalem n'a survécu. L'Évangile de Matthieu a survécu grâce à la communauté d'Antioche, en Syrie, et le reste grâce aux Églises d'Asie Mineure (Éphèse) et de Grèce. Au total, neuf personnes (Matthieu, Marc, Luc, Jean, Paul, Jacques, Pierre, Jude, plus un inconnu) auraient rédigé les vingt-sept livres du Nouveau Testament.

Les premiers textes de cette Bible grecque sont écrits sur des rouleaux séparés, de petit format, en papyrus. Puis vient le codex, le format de livre qu'on utilise encore aujourd'hui : cet objet rectangulaire, avec des pages séparées, composé de plusieurs cahiers reliés entre eux, imaginé à Rome un siècle avant notre ère comme carnet de notes, apparaît sous forme de livre pour les besoins des textes chrétiens. Les premiers codex sont faits de papyrus, donc fragiles et cassants ; d'où leur remplacement progressif par un fin parchemin.

En cela, le format du Nouveau Testament se distingue de ceux de tous les textes religieux précédents, en particulier juifs et grecs, qui se présentent sous forme de rouleaux. Il est plus moderne, transportable, universel. Il prend le risque de paraître moins solennel, plus populaire, plus nomade.

En moins de mille ans, l'Occident tout entier va accepter l'héritage de cette rencontre judéo-grecque si particulière, construisant une foi qui n'est plus « ni juive ni grecque » et qui, sous couvert d'en reprendre l'essentiel, s'oppose violemment au cœur de l'un et de l'autre.

À partir de ce moment, la rencontre judéo-grecque est oubliée.

Des dieux romains à la Trinité chrétienne

La désignation à Rome de trois principaux dieux, Jupiter, Mars et Quirinus, influe sur la structuration d'un concept nouveau, qui fait échapper le christianisme à la logique judéo-grecque de l'unité : la Trinité.

Ni le mot ni la doctrine n'apparaissent explicitement dans le Nouveau Testament, même si les concepts de Père, de Fils et de Saint-Esprit existent dans certains passages des Évangiles : « Allez donc et faites des disciples de toutes les nations, les baptisant au nom du Père et du Fils et du Saint-Esprit », dit Matthieu (XXVIII, 19). Et la bénédiction apostolique dit : « La grâce du Seigneur Jésus-Christ, l'amour de Dieu et la communion du Saint-Esprit soient avec vous tous » (II Cor., XIII, 14). Paul, dans ses Épîtres, dit que Jésus est Seigneur (Kurios), mot quelquefois employé pour désigner Dieu dans la Septante ; il le nomme expressément Dieu (Théos) à plusieurs reprises (Rm 95 ; Tt 213), et ailleurs Fils de Dieu (Rm 13 ; Rm 5,10 ; Ga 220 ; Col 13 ; Col 113 ; etc.). Le même Paul utilise souvent des formules duales, ainsi dans l'Épître aux Hébreux : « Mais [Dieu le Père] a dit au Fils : Ton trône, ô Dieu est éternel ; le sceptre de ton règne est un sceptre d'équité » (He 18).

La Trinité comme concept théologique n'apparaît qu'à la fin du IIe siècle. Elle désigne alors le Dieu unique en trois personnes : le Père, « celui qui est éternel » ; le Fils, celui qui était avec Dieu, par qui le Père a créé le ciel, la terre et toute chose ; le Saint-Esprit ou Esprit (en grec *Pneuma* – « il souffle »). Les premiers usages du terme « Trinité » sous le nom de « Triados » pour désigner les trois personnes divines se rencontrent vers 180 chez Théophile d'Antioche (*Autolycus*, II, 15). Tertullien, théologien romain de Carthage de la fin du IIe siècle, introduit le mot « Trinitas » dans le lexique théologique latin.

Cette fusion judéo-grecque impose alors très rapidement une autre règle qui n'est ni juive ni grecque : la domination de la foi sur la raison. Elle interdit même de penser le monde d'une façon rationnelle, de chercher à en connaître les lois.

L'Église s'oppose alors à l'optimisme du progrès, et aux philosophes grecs et romains, qu'elle nomme avec mépris « antiqui ». Elle les considère comme hérétiques, parce que éloignant les hommes de la seule espérance qui compte, celle de la Rédemption, sans qu'on puisse citer aucun texte des Évangiles hostile à la raison.

Il faudra des siècles pour revenir aux fondements judéo-grecs, pour admettre que la raison ne saurait être bridée par la foi. Là où la raison devient chaque jour davantage source de progrès, sa compatibilité avec la foi est une condition de survie pour les Églises.

CHAPITRE 9

De la Trinité à l'unité

(du IIe au XIe siècle)

Vers 130, Hadrien, désireux de faire renaître la splendeur passée de Jérusalem, décide d'y implanter une colonie nommée Aelia Capitolina (nom formé à partir d'Aelia Adrianus, nom d'origine de la famille d'Hadrien, et de Jupiter Capitolin, ce Zeus grec romanisé auquel ce même Hadrien vouait une dévotion toute particulière).

Le christianisme contre le judaïsme

L'Empire romain hellénise le judaïsme avant d'être lui aussi envahi par une idéologie désarmée : le christianisme. Dans le courant du IIe siècle, le christianisme attire d'abord les femmes, les esclaves, les faibles, puis les riches seigneurs, et s'éloigne progressivement du judaïsme.

Marcion, riche armateur de Sinope, une ville d'Ionie, devenu théologien chrétien à Rome, explique vers 140 que Jésus est le fils d'un dieu qui n'est pas le Dieu des Juifs ni né de la Vierge Marie. Bien que condamnée par l'Église en 144, cette thèse renforce la tendance de cette dernière à rejeter toute légitimité théologique du judaïsme.

Au début du IIIe siècle, un théologien chrétien d'Alexandrie, Origène, explique que les Juifs ne sont plus nécessaires et veut établir un texte grec de la Torah plus exact, selon lui, que la Septante et les autres traductions, qu'il dénigre. Il dénonce l'ambition des Juifs de présenter leur foi comme originale : « [...] même leur doctrine sur le ciel ne leur est pas propre, mais, pour omettre tous les autres exemples, c'était aussi depuis longtemps la doctrine des Perses. » Et : « Les Juifs ne sont pas plus saints que les autres peuples parce que circoncis : les Égyptiens et les Colchidiens l'ont été avant eux ; ni parce qu'ils s'abstiennent des porcs : ainsi font les Égyptiens qui s'abstiennent en outre des chèvres, des brebis, des bœufs et des poissons ; ainsi font Pythagore et ses disciples qui s'abstiennent de fèves et de tout être animé vivant. »

Le christianisme contre la pensée grecque

Puis les chrétiens se retournent contre les Grecs. On trouve dans la *Préparation évangélique* d'Eusèbe de Césarée, dont il sera question plus loin, ce texte d'un théologien chrétien de la fin du IIe siècle,

Clément d'Alexandrie : « Le génie des Grecs s'est éclairé des lumières de la vérité qui brille dans les écritures qui nous ont été données, ce qui irait jusqu'au point de pouvoir dire d'eux, si le terme n'était injurieux, qu'ils sont convaincus de vol de vérité. Continuons cette démonstration en citant les Grecs eux-mêmes, en témoignage des larcins qu'ils se sont faits. » Clément reproche aussi à Pythagore d'avoir plagié des auteurs d'Orient, et cite Platon, qui aurait avoué, dans l'*Épimonis*, l'origine syrienne et égyptienne de sa pensée. Clément conclut : « Le temps des philosophes de la Grèce est infiniment postérieur à l'histoire des Hébreux. »

Tertullien, théologien romain du IIe siècle d'origine berbère, persuadé qu'Athènes l'impie sera engloutie dans le souvenir des hommes par Jérusalem la sainte, écrit dans son *Traité de la prescription contre les hérétiques* : « Quoi de commun entre Athènes et Jérusalem [qui, pour lui, désigne le christianisme] ? Entre l'Académie et l'Église ? Entre les hérétiques et les chrétiens ? » Selon lui, rien. Il entend dénoncer ce « pitoyable Aristote » face à la vérité irrévocable de l'Église, elle-même fondée sur celle du judaïsme. Il écrit : « Notre doctrine vient du portique de Salomon qui avait lui-même enseigné qu'il faut chercher Dieu en toute simplicité de cœur. » Il accepte encore la racine juive du christianisme, que Marcion avait refusée. Mais il identifie désormais Jérusalem au christianisme, et non plus au judaïsme.

La société des hommes est donc désormais, pour le christianisme, à la fois universelle, comme dans la pensée grecque, et théocratique, comme dans la pensée juive. Le temps, comme pour Aristote, ne saurait être vendu. Le roi, comme pour les prophètes, est soumis aux prêtres. La société idéale est la Jérusalem céleste, qui viendra après la résurrection des morts.

La survivance des pensées juive et grecque

La pensée grecque survit pourtant, dans sa pureté, dans les mondes romain, perse et byzantin. On nomme, pour faire court, ces philosophes « néoplatoniciens ».

À Rome, au milieu du IIIe siècle, Plotin, philosophe néoplatonicien qui a étudié à Alexandrie, s'attire la protection de Gallien, empereur libéral, et définit trois principes fondamentaux : l'Un (principe suprême existant, indépendant et non identifiable, assimilé au Bien), l'Intelligence (qui est le pensable, la multiplicité des idées) et l'Âme (qui est le monde sensible et connaît divers degrés de perfection). Ainsi, de Plotin, ce texte magnifique : « Souvent, m'éveillant à moi-même en m'échappant de mon corps, étranger à toute autre chose, dans l'intimité de moi-même, je vois une beauté aussi merveilleuse que possible. Je suis convaincu, surtout alors, que j'ai une destinée supérieure ; mon activité est le plus haut degré de la vie ; je suis uni à l'Être divin, et, arrivé à cette activité, je me fixe en Lui au-dessus des autres êtres intelligibles. »

Au début du IVe siècle, certains maîtres de ce néoplatonisme se réfugient à Gundishapur, chez les Perses sassanides ; y ont lieu des discussions sur des concepts grecs tels que ceux de « corps » ou de « substance » ; ces philosophes, notamment arabes, y admettent avec Platon que l'« idée » d'une chose est la seule réalité éternelle, immuable et vraie, alors que les « phénomènes », les choses, les faits, sont éphémères et changeants. Ils admettent aussi avec Aristote que le monde des idées est régi par la raison, laquelle organise la mise en ordre de l'ensemble des connaissances. Ils discutent de la causalité et, pour certains, tout phénomène doit pouvoir s'expliquer rationnellement. Ils débattent de la nature de la matière : de la question de savoir si les atomes sont des points géométriques, s'ils ont une couleur, une saveur, une odeur ; s'ils sont sécables, divisibles à l'infini ou créés à un moment donné par un « façonnier » – autre version de l'« Intellect agent » ou du « Premier Moteur » d'Aristote. Ils discutent du critère du vrai, avec les mêmes critères que toute science : une organisation systématique du savoir, l'acquisition et l'assimilation par une large communauté des connaissances de base, et une pédagogie qui puisse s'adapter autant que possible à la variété des personnes.

Pendant ce temps, la pensée juive survit aussi en tant que telle à Babylone et à Alexandrie, où sont réfugiés l'essentiel des descendants des Juifs exilés de Jérusalem.

Constantin : le christianisme roi

Quand commence le IVe siècle, le christianisme est encore mal vu des empereurs romains : Dioclétien demande qu'on détruise tous les textes juifs et chrétiens. Le prêtre alexandrin Arius affirme, au grand dam de l'Église, que l'unique vrai Dieu est le Père, inengendré, et que le Fils n'était qu'une simple créature ayant eu un commencement et une fin dans le temps. Il nie donc la divinité de Jésus et la Trinité. L'Église en débat et vacille.

Pourtant, le nombre des adeptes grandit de jour en jour dans le peuple et les élites. L'« amour de l'autre » et le principe « ne fais pas à autrui ce que tu ne veux pas que l'on te fasse à toi-même » gagnent peu à peu les cœurs et les consciences. Les ennemis de ce nouveau système du monde le jugent comme une « religion de pauvres et d'esclaves en mal d'affranchissement », mais la conviction avec laquelle ces derniers étaient prêts à sacrifier leur propre vie finit par faire des émules parmi les nantis. Adhérer au christianisme revient à « vivre avec son temps ».

L'élite romaine, lassée de la violence, s'en accommode aussi. L'Église reprend à son compte, pour asseoir sa puissance, toutes les règles de l'empire et de l'armée romaine, comme la centralité du commandement et l'organisation pyramidale des émissaires dans les territoires. Elle se réapproprie certaines dimensions de la religion grecque, devenue romaine, dont elle récupère d'innombrables dieux sous les noms de « saints ». Elle s'oppose frontalement au judaïsme et à la philosophie grecque. Elle réserve le savoir, la gnose, à quelques initiés. L'unique projet d'avenir qu'elle accepte est celui de l'espérance en la foi. Elle impose la croyance en la résurrection du Christ, l'attente des temps de la Rédemption et de la résurrection des morts. Elle veut penser l'amour comme seule vertu. Et la pauvreté comme seule voie vers le salut, en enjoignant de lui confier toutes les richesses du monde.

En 306, Constantin, dont la mère, Hélène, servante d'auberge, se serait convertie au christianisme, est proclamé empereur par les légions de Bretagne contre sept autres prétendants. En 312, Constantin se convertit à l'occasion de la bataille de Milvius contre Maxence. L'année suivante, Constantin établit la liberté de culte par l'édit de Milan, qui partage l'empire entre lui et Licinius, puis se proclame représentant du Dieu chrétien sur terre et l'égal des apôtres. Cette divination de l'empereur inquiète l'Église, qui craint de le voir lui disputer le pouvoir suprême sur les âmes et les corps.

Ainsi, Rome tente l'unité Jérusalem-Athènes, engloutissant les deux dans son ambition de régner et sur la terre, et sur le ciel.

En 325, Constantin convoque à Nicée un premier concile œcuménique pour réunifier les différentes tendances chrétiennes. Le concile aboutit à l'acceptation du dogme trinitaire et rejette la thèse d'Arius, affirmant que le Fils est de même nature que le Père : « Jésus-Christ est le Fils de Dieu, engendré et non pas fait, consubstantiel au Père. »

En 332, Constantin écrit à Eusèbe de Césarée (né aux alentours de 265, mort approximativement en 340), qui se trouve alors à Constantinople, pour lui commander cinquante manuscrits des « Divines Écritures » pour l'enseignement de l'Église, destinés aux églises qu'il compte bâtir dans sa ville nouvelle. Eusèbe de Césarée y passe en revue les théologies phénicienne, égyptienne, hellénique. Pour lui, la pensée grecque n'est qu'un chaînon entre le judaïsme et le christianisme.

En 361, Julien – neveu de Constantin Ier qui a massacré sa famille –, intellectuel formé à la pensée grecque et ayant vécu à Lutèce, devient empereur à la mort de son oncle Constance. En 362, par un édit de tolérance, il cherche à rendre son lustre à la religion romaine, tandis qu'il prend une série de mesures défavorables aux chrétiens. La même année, il écrit un traité antichrétien intitulé *Contre les Galiléens* pour rappeler la grande proximité des pensées juive et grecque. Un texte perdu, mais dont on connaît l'argumentaire par la réponse qu'a rédigée contre lui Cyrille, évêque d'Alexandrie, en 412. Même s'il trouve les récits des Juifs « absurdes et incomplets », Julien admire leur piété, qui contraste avec le peu de ferveur des sujets de l'empire. Il ordonne la reconstruction du Temple de Jérusalem. Mais le chantier est abandonné quand, en 363, Julien meurt au combat contre les Perses. Son successeur revient au christianisme.

Stabilisation du christianisme

Vers la fin du IVe siècle, dans l'Orient grec et l'Occident latin, les textes du Nouveau Testament se fixent. La théologie chrétienne s'installe et se traduit du grec au latin. En 451, le concile de Chalcédoine, quatrième concile œcuménique, déclare qu'il faut assimiler les notions latines de substance et de personne respectivement à celles, grecques, d'essence et d'hypostase. Jésus, Dieu fait homme, réunit en une seule personne les deux natures, « sans confusion », « sans changement », « sans division », « sans séparation ».

Jérôme de Stridon, né vers 347 en Dalmatie, est l'auteur, entre 382 et 410, de la première traduction officielle en latin, pour l'Église, de la Bible, commandée par le pape Damase ; on la connaît sous le nom de « Vulgate » (du latin *vulgata*, « divulguée »). Pour la traduction du Nouveau Testament, Jérôme dispose de nombreux manuscrits en latin (« presque autant de versions des Évangiles que de manuscrits », dit-il) et de nombreux manuscrits grecs, comme ceux d'Eusèbe de Césarée, avec les tableaux comparatifs mettant en regard les différents récits de chaque évangile.

Au Vᵉ siècle, dans *La Cité de Dieu*, Augustin, un philosophe, théologien, évêque d'Hippone, une cité de l'Algérie actuelle, explique que la justice des hommes, si elle est indépendante de celle de Dieu, lui est soumise ; et que le droit des hommes, qui est contingent, est impuissant à réaliser la justice de Dieu, qui est universelle.

Les empereurs sont de plus en plus les rivaux des papes et réclament le pouvoir sur le monde chrétien. En 529, l'empereur Justinien se proclame « élu de Dieu », seul à même de le représenter sur terre, seul digne de s'approprier le lieu de la révélation divine ; il ordonne la fermeture des écoles de philosophie d'Athènes et fait bâtir le monastère de Sainte-Catherine sur le mont Sinaï. Il y aurait fait conserver un des plus anciens exemplaires de la Bible.

La plus ancienne Bible latine connue aujourd'hui est le Codex Amiatinus, daté de la fin du VIIᵉ siècle. C'est un seul grand volume de 1 030 feuillets incluant tous les livres de la Bible, avec une illustration montrant le Saint-Esprit qui tient une sorte de filet contenant toute l'éloquence divine en un seul livre. Son frontispice représente Ezra assis devant une « bibliothèque » – neuf volumes assortis sur des étagères. Au siècle suivant, on commence à utiliser le mot *bibliotheca* pour désigner les textes sacrés. Peu à peu, la *biblia* (la bibliothèque de Livres sacrés) devient un seul Livre, la « Bible ».

Avec l'islam, retour du monothéisme et de la raison

Quand apparaît l'islam, au VIIe siècle, à Médine et à La Mecque, il se veut explicitement successeur du judaïsme, n'admet pas la filiation divine de Jésus, et encore moins le polythéisme. Le texte du Coran est très explicite : « Il est Dieu, l'Unique. Dieu, le Seul à être imploré pour ce que nous désirons. Il n'a jamais engendré et n'a pas été engendré. Et nul ne peut L'égaler » (Coran, CXII) ; « Créateur des cieux et de la terre, comment aurait-Il un enfant alors qu'Il n'a pas de compagne ? C'est Lui qui a tout créé, et Il est Omniscient. Voilà Dieu, votre Seigneur ! Nul ne doit être adoré à part Lui, le Créateur de toute chose. Adorez-Le donc. C'est Lui qui a la charge de tout. Aucun regard ne peut L'atteindre, cependant qu'Il saisit tous les regards. Il est le Bienveillant, et Il est parfaitement informé » (Coran, VI, 101-103). Et encore : « Je n'ai créé les djinns et les hommes que pour qu'ils M'adorent » (Coran, LI, 56).

L'islam, comme le judaïsme et le monde grec avant lui, est favorable à la raison. Il fait le pari qu'aucune connaissance rationnelle ne contredira jamais la nouvelle révélation. Le Prophète lui-même dit : « La science est en effet plus méritoire que la prière », et :

« Un seul homme de science a plus d'emprise sur le démon qu'un millier de dévots. » Le Coran demande donc de déchiffrer l'univers, « œuvre d'art signifiante » ; pour y parvenir, il autorise à recourir à la logique, invention aristotélicienne.

L'islam est fondamentalement recherche de l'unité. Celle de Dieu et celle du peuple des croyants, rassemblés dans l'Umma. Celle aussi de la foi et de la raison, soumises l'une et l'autre aux exigences du Créateur.

L'islam devient très vite une puissance politique. Un califat s'installe d'abord en Syrie en 633, puis en Égypte en 642. Comme le christianisme, et à la différence du judaïsme, l'islam est une religion prosélyte. Il s'installe en moins d'un siècle du Maghreb à la Perse, de l'Ibérie à la Bactriane, et bien au-delà. Son siège est à La Mecque, pendant de Byzance, centre de la chrétienté. L'un et l'autre se disputent Jérusalem.

Très vite, un schisme réintroduit la multiplicité là où l'islam initial avait promu l'unicité. La Grande Discorde (655-661) désigne l'affrontement entre Mu'âwiya, membre du clan des Omeyyades, et 'Alî ibn Abû Tâlib, le gendre de Mahomet. Pour ses partisans, 'Alî ibn Abû Tâlib aurait été désigné par Mahomet pour prendre sa suite à la tête de la communauté des croyants ; il serait, pour eux, l'unique et infaillible interprète de la révélation coranique. Les défenseurs de 'Alî se nomment « chiites », d'après l'arabe « shi'ât 'Alî », qui signifie « le parti de 'Alî ».

Après le « martyre » d'al-Husayn, descendant direct de 'Alî qui tenta de se faire reconnaître calife en 680 contre les Omeyyades, ceux-ci fondent leur système de gouvernement et de pensée sur la tradition, la « Sunna », d'où le mot de « sunnisme ».

Pour les chiites, le Prophète n'a fait que révéler le sens littéral du Coran ; ses successeurs, 'Alî et Husayn, en détiennent, eux, le sens invisible et secret, et ils ont la mission de l'interpréter. En réaction, le sunnisme interdit l'interprétation du Coran.

Au Xe siècle, le chiisme s'institutionnalise en tant que courant religieux rival du sunnisme, avec des textes et des écoles spécifiques.

Avec l'islam, retour de la pensée grecque

À la différence du christianisme, l'islam, sunnite ou chiite, ne craint aucunement la concurrence de la raison, faisant le pari que toute connaissance, y compris le savoir grec, s'accordera avec la nouvelle révélation.

Les premiers philosophes musulmans, tel Al-Kindi, affirment qu'il faut chercher la vérité non seulement dans le Coran, mais aussi à partir des idées grecques : « Bien qu'ils soient restés dans l'ignorance d'une partie de la vérité, ils [les Grecs] furent pour nous la voie et l'instrument pour parvenir à de multiples connaissances dont ils n'ont pu eux-mêmes rejoindre l'entière vérité [...]. » Pendant ce temps, la pensée grecque parvient jusqu'en Andalousie avec les premiers émirs musulmans : le médecin Ibn Zuhr, le géographe Al-Idrissi font avancer leurs disciplines respectives.

À la différence des penseurs chrétiens du moment, les philosophes arabes et perses (devenus musulmans) débattent de la nature de l'univers. La recherche philosophique et scientifique est même considérée, dans cet islam des débuts, comme une valeur absolue. S'inscrivant dans la continuité de la pensée grecque, certains philosophes musulmans emploient des mots grecs pour désigner leurs propres concepts : ainsi parlent-ils de *falsafa* (« philosophie ») et de *faylasûf* (« philosophes »). À la demande des califes, les auteurs de l'Antiquité, notamment Aristote, sont traduits en arabe. L'islam va jusqu'à accepter, entre 638 (prise de Jérusalem par les Arabes) et le début du XIIe siècle (arrivée des Almohades au pouvoir en Ibérie), que les chrétiens et les Juifs pratiquent leur culte et étudient leurs lois en terre d'islam – mais dans un statut de plus en plus humiliant.

Dans les premières « universités » qui se créent alors au sein de l'islam d'Orient, à l'image des académies athéniennes et bien avant de surgir en Europe, on enseigne Euclide, l'astronomie et la médecine ; des dizaines de mathématiciens étudient le cosmos (l'« ordre ») et ses lois, qu'ils pensent accessibles par les mathématiques. Ainsi, pour les besoins de l'astronomie, apparaissent en islam l'algèbre, la théorie des coniques et celle des asymptotes.

Abu al-Abbas as-Saffah, descendant d'un oncle de Mahomet, est proclamé calife en 749. Il met un terme au règne des premiers califes omeyyades et fonde la dynastie des Abbassides, elle aussi sunnite. L'islam s'empare du monde turc contre la Chine lors de la bataille de Talas, en 751.

Les armées musulmanes prennent aussi Gundishapur, où se trouvent un grand nombre de manuscrits grecs.

Au IXe siècle, à Bagdad, devenue musulmane, la pensée scientifique est fortement encouragée. En 832, le calife al-Mamûn, ayant, dit-on, rêvé d'Aristote, crée dans sa capitale une Maison de la sagesse (Bayt al-Hikma). Y seront traduits en langue arabe les textes majeurs de la médecine, des mathématiques, de la logique et de la philosophie grecques, de la littérature persane et de l'astronomie indienne. Sont ainsi traduits les textes d'Aristote, de Platon, de Galien, de Plutarque et de Plotin (dont les trois dernières *Ennéades*, résumées sous le titre *Théologie d'Aristote*). On y lit l'éveil à la conscience de soi, à l'individualisme, à l'abstraction, à la raison.

Vers 850, Al-Kindi, originaire de Bassorah, traduit Aristote. Mais il soutient, à la différence de ce dernier, que l'Univers a été créé à un moment précis, à partir du néant, et qu'il n'est donc pas éternel dans le passé. Son disciple, Albumasar (mort en 886), propage ses théories astronomiques dans son *Livre des révolutions des années de nativité*.

À ce moment, l'Empire abbasside, qui est sunnite, et la Chine des Tang représentent la moitié de la population du monde. Un autre califat, fatimide, qui s'affirme dans la première moitié du Xe siècle autour de l'actuelle Tunisie, avant de s'installer en Égypte, est, lui, chiite ; il devient le rival direct du califat sunnite des Abbassides. Un autre empire sunnite s'installe au Maroc et en Espagne, et les pensées grecque et juive gagnent l'Andalousie.

Les penseurs juifs et chrétiens sont, comme la pensée grecque, tolérés en islam, même si le juriste Ibn 'Abdûn les dénonce comme des parasites intellectuels : « On ne doit pas vendre aux Juifs ni aux chrétiens de livres de science, sauf s'ils ont trait à leur propre loi ; en effet, ils traduisent les livres de science et en attribuent la paternité à leurs coreligionnaires et à leurs évêques, alors qu'ils sont l'œuvre de musulmans ! »

Le siècle de Cordoue : parler en arabe, penser en grec, prier en hébreu

La relation judéo-grecque continue en islam, et en particulier – extraordinaire ironie du sort – dans le lieu que, vingt siècles plus tôt, les Grecs et les Hébreux désignaient comme la localisation probable du Paradis : la péninsule Ibérique.

À la fin du Xe siècle, Cordoue devient le centre culturel de l'islam d'Occident. Les Almoravides y prennent bientôt le pouvoir.

Dans l'Ibérie musulmane, les philosophes, médecins, poètes et musiciens juifs – beaucoup d'entre eux étant par ailleurs rabbins –, nourris depuis des siècles par les œuvres de Philon d'Alexandrie, inspirent la pensée des nouveaux venus musulmans. Bien des philosophes musulmans sont d'ailleurs des Juifs convertis.

Parmi ces penseurs musulmans, Al-Ghazali rejette l'éternité du monde et la notion aristotélicienne de l'« Intellect agent ». Pour lui, l'intelligence humaine est trop faible pour pénétrer le rapport que les choses entretiennent entre elles et avec Dieu. La vérité ultime est la parole divine, car « il n'y a pas d'explication à donner après Dieu ». À l'inverse, Ibn Bâjja fait l'apologie de l'ascèse scientifique, seule voie d'accès à l'éternité, c'est-à-dire à Dieu. Pour lui, l'intellect du savant peut comprendre tous les concepts, créatures de Dieu. En pensant, il devient lui-même « lumière » et rejoint par là les prophètes, les saints, les martyrs et les bienheureux. Pour lui, le peuple est, « à l'égard des intelligibles, comme ceux qui sont dans une caverne où le soleil ne se lève pas : ils ne voient pas la lumière, mais voient toutes les couleurs dans l'obscurité ». Mais il commence à devenir dangereux, même dans l'islam, de raisonner scientifiquement.

Quelques penseurs prennent encore, dans l'Occident musulman, le risque très sérieux de se référer à la pensée grecque sans pour autant blasphémer. Ils proclament la compatibilité de la foi avec la raison et l'expérience.

Si les pensées juive et musulmane et le regard positif sur le progrès matériel qu'elles impliquent sont encore bannis dans l'essentiel du monde chrétien, la pensée grecque y revient lentement par la Cordoue judéo-musulmane, puis la Tolède chrétienne et la Narbonne juive, avant de gagner aussi l'Occident par Byzance et Venise et par les couvents irlandais, qui ont protégé des manuscrits grecs. Tout circule : vers l'an 1000, le pape Sylvestre II (Gerbert d'Aurillac) rapporte d'Espagne le zéro, invention indienne que les mathématiciens perses avaient eux-mêmes déjà fait connaître dans tout l'empire musulman, y compris à Cordoue.

CHAPITRE 10

Le combat de la foi et de la raison

(du XIe au XVIIIe siècle)

Après la victoire, en Occident chrétien, de la foi sur la raison, on y assiste à une lente revanche de la raison sur la foi, de la science sur le monothéisme, pendant que, suivant le chemin inverse, l'islam se ferme à la raison et à la pensée judéo-grecque.

Ce qui suit est le récit de ce cheminement, essentiel pour comprendre l'avenir de l'Occident.

Le monde musulman se ferme à la pensée judéo-grecque

Au XIe siècle, dans l'islam, les attaques se font plus intenses contre ceux qui pensent comme des Grecs, incarnés notamment par le mutazilisme, qui professe le libre arbitre et l'initiative. Ainsi, en Iran, le *Tahafut al-Falasifa* (« Incohérence des philosophes ») d'Al-Ghazali, publié en 1095, aura une très forte influence sur l'asharisme, courant qui prône le refus des sciences profanes et de l'érudition ; le wahhabisme en découlera.

Au début du XIIe siècle – alors que l'Europe chrétienne s'est lancée dans les croisades au Moyen-Orient et poursuit la Reconquista en Andalousie –, à Cordoue, la dynastie almoravide se désagrège sous les coups d'un nouveau mouvement plus rigoriste encore, né dans le Haut-Atlas : les Almohades, dont le nom rappelle l'unité de Dieu (al-Muwahhidûn : les Unitaires). En 1148, ils prennent Cordoue et y imposent un islam rigoureux où il est interdit de parler et de penser comme les Grecs, de chercher à faire progresser le monde par la raison.

C'est dans ce califat de Cordoue, où le travail de la raison est désormais prohibé, qu'un dernier grand penseur musulman européen ouvre à tout l'Occident, sans le savoir lui-même, l'accès à la pensée grecque. Ibn Rushd (Averroès), médecin, philosophe, avocat et théologien, naît à Cordoue en 1126. Il rappelle que le Coran n'est pas hostile à la raison et montre qu'il est même compatible avec la pensée grecque. Il explique que le « Premier Moteur » d'Aristote ne peut être qu'un intellect suprême : Dieu. Il ose aussi écrire, comme Aristote, que l'univers n'a ni commencement ni fin ; que Dieu est hors du temps, tout comme Il est hors de l'univers.

Pour Ibn Rushd, l'humanité poursuit un but magnifique : progresser dans la connaissance, tendre vers l'acte pur de penser. Il faut donc s'autoriser à penser et à découvrir, sans craindre de blasphémer.

Il écrit : « Combien injuste est celui qui dresse un obstacle entre l'homme et la science qui est la route vers cette perfection ; nul doute que celui qui agit ainsi contrarie aussi le Créateur et s'oppose au projet divin de réaliser une telle perfection. » Et il ajoute, phrase majeure : « Nous savons donc, nous, musulmans, d'une façon décisive, que la spéculation fondée sur la démonstration ne conduit point à contredire les enseignements donnés par la Loi divine. Car la vérité ne saurait contredire la vérité, elle s'accorde avec elle et témoigne en sa faveur. » Tout est dit.

Appelé auprès du prince, qui lui ordonne de n'écrire que pour lui, il prend parti pour la guerre contre les chrétiens et théorise même sur la répartition du butin. Puis il est interdit de parole et banni à Lucena, au sud-ouest de Cordoue, lieu d'exil des Juifs. Après sa mort, en 1198, au Maroc, ses ennemis en islam le présentent comme un libertin, un athée, un séditieux. Sa pensée est interdite, ses livres sont brûlés. La porte se ferme, dans l'islam d'Europe, sur la liberté de penser, sur la raison. Mais Ibn Rushd va aider l'Occident chrétien à sortir de la dictature de la foi. Car il est tout de suite très lu, en arabe, par les Juifs d'Andalousie, d'Égypte, de Catalogne et d'Occitanie. Il est traduit en hébreu, vers 1260, à Narbonne, et un peu plus tard en latin, sous le nom d'Averroès.

Le monde juif espagnol prend le relais et retrouve la pensée grecque

À Cordoue, dans les interstices laissés par la dictature almohade, des théologiens juifs entendent concilier leur foi avec la pensée grecque, prouver logiquement la véracité des Écritures, et ainsi convaincre les sceptiques de leur communauté de l'inutilité de se convertir à l'islam ou au christianisme. Michelet écrira à leur propos : « Il fut une heure où toute la Barbarie, les Francs, les Iconoclastes grecs, les Arabes d'Espagne eux-mêmes s'accordèrent sans se concerter pour faire la guerre à la Pensée. Où se cacha-t-elle alors ? Dans l'humble asile que lui donnèrent les Juifs. Seuls, ils s'obstinèrent à penser et restèrent, dans cette heure maudite, la conscience mystérieuse de cette terre obscurcie. »

Le plus important d'entre eux en ce siècle est aussi un Cordouan, contemporain d'Ibn Rushd : Maïmonide. Lui aussi devient médecin et juriste. Il est confronté très jeune par son père aux philosophes grecs, qu'il lit dans leurs traductions arabes et dont il étudie les commentateurs arabes, à commencer par son contemporain Ibn Rushd : « On peut se dispenser des écrits de Platon, car ceux d'Aristote suffisent. [...] Les œuvres d'Aristote sont les racines et les fondements de toute œuvre scientifique. Mais elles ne peuvent être comprises sans l'aide de commentaires, ceux d'Alexandre d'Aphrodise, de Thémistios, et ceux d'Ibn Rushd. »

Pour lui, foi et raison sont compatibles, parce que toutes deux sont des créations divines. Dieu ne peut pas souhaiter remettre en cause la raison. Il ne peut pas non plus interdire de chercher à Le comprendre, ni décider qu'Il n'a pas existé. Maïmonide affirme aussi, comme les penseurs juifs d'Alexandrie quinze siècles plus tôt, que l'essentiel de la pensée des Grecs, et en particulier d'Aristote, trouve sa source dans des textes bibliques. Ainsi, la Genèse, dit-il, a inspiré la *Physique* ; le récit biblique du char céleste d'Ézéchiel a inspiré la *Métaphysique* ; c'est aussi dans la Genèse qu'Aristote aurait puisé l'idée de l'éternité de l'univers. Pour lui – et il rejoint là encore Aristote dans une interprétation audacieuse de la pensée juive –, l'Histoire vise à la fusion de l'Homme en Dieu. L'« Intellect agent » d'Aristote est donc, lui, une expression rationnelle pour désigner Dieu, l'intelligibilité du monde, l'intelligence cosmique en charge du gouvernement du monde, « la lumière venue de Dieu ». Dieu est l'Intellect parfait, immuable. Il porte le monde éternellement dans son esprit. Il existe hors du temps, et c'est même ce qui Le distingue de l'univers, qui, lui, est éternel.

Alors que la situation devient intolérable dans le monde almohade et qu'au Moyen-Orient Saladin met fin à la dynastie fatimide en 1171, Maïmonide émigre à Fostat, où il devient le chef (*naggid*) des communautés juives en Égypte. Il y meurt en 1204.

L'Occident chrétien s'ouvre à la pensée grecque

L'Occident chrétien reçoit alors cet héritage grec, transmis par les Juifs de Cordoue, puis par les chrétiens de Tolède, de Byzance et de Venise. Vers 1160, la somme savante en mathématiques et en astronomie de Ptolémée arrive en Europe chrétienne sous le titre d'*Almageste* (*al-Mijistî* ou *Grand Livre*). L'*Al-Jabr* (*Algèbre*) d'Al-Khawarizmi est traduit de l'arabe en latin par Robert de Chester. Les *Éléments* d'Euclide sont traduits du grec en arabe, puis en latin par Adélard de Bath vers 1150, sans doute en Sicile.

Marchands, marins, savants commencent à changer les techniques et le niveau de vie de ceux qui acceptent de croire en la raison. Ils sont aussi attentifs à être altruistes pour satisfaire leurs clients.

L'Église et les souverains européens s'opposent toujours aux progrès, et donc aux auteurs grecs et romains. Le grammairien français Guillaume de Conches, reflet de l'esprit du temps dans toute l'Europe chrétienne, écrit dans son *Commentarius in Timaeum* : « Toute œuvre est soit l'œuvre du Créateur, soit l'œuvre de la Nature, soit l'œuvre de l'artiste imitant de la Nature. »

Pourtant, des questions interdites en chrétienté depuis les premiers siècles de notre ère recommencent à circuler en contrebande en Europe chrétienne : est-il possible, sans blasphémer, de chercher la vérité sur la création de l'univers, et de tenter d'améliorer le sort des hommes ici-bas sans tout attendre des temps messianiques ? Peut-on concilier les réflexions des philosophes de l'Antiquité, en particulier celles d'Aristote, avec le monothéisme ? La liberté des hommes est-elle compatible avec la toute-puissance de Dieu ? Les hommes peuvent-ils avoir un projet d'avenir sur cette Terre ? Bien des gens en Europe sont encore brûlés vifs, sur ordre de l'Église, pour s'être posé l'une de ces questions.

Au début du XIIIe siècle, la pensée d'Aristote arrive, par les Juifs, de Cordoue, par les chrétiens, de Byzance et des couvents irlandais ou bourguignons, et pénètre dans les premières universités chrétiennes à Paris, Toulouse, Padoue et Montpellier. Créées sous l'autorité du pape, elles sont au contraire conçues pour enseigner les arts libéraux, la théologie, le droit canon et la médecine. En 1215, le quatrième concile de Latran réaffirme, contre Aristote, que le temps commence avec la création du monde. La même année, le légat du pape à Paris interdit d'enseigner Aristote dans la faculté de théologie de la nouvelle université de Paris.

Un théologien chrétien du XIIIe siècle, le dominicain allemand Albert le Grand, introduit cependant ouvertement la pensée d'Aristote dans ses cours à Paris et à Cologne. En 1231, Grégoire IX suspend son enseignement jusqu'à ce qu'une commission, qu'il nomme, examine le contenu de la *Physique* d'Aristote : elle finit par accepter que l'on en poursuive la traduction en latin, comme celle d'autres philosophes grecs, perses, arabes et juifs.

Apparaissent alors, à Paris et à Padoue, des philosophes qui seront bien plus tard appelés « averroïstes latins », c'est-à-dire inspirés d'Ibn Rushd. Ils professent, comme les Grecs, l'éternité du monde. Pour eux, Dieu n'est pas la cause directe des événements, mais seulement leur « cause ultime ». À la même époque, un maître ès arts de l'université de Paris, Siger de Brabant, est accusé d'avoir énoncé la théorie dite de la « double vérité ». Il la présente comme étant reprise de la phrase d'Ibn Rushd citée plus haut : « La vérité ne saurait contredire la vérité », mais en déformant son sens, car pour Ibn Rushd ces deux logiques forment une seule logique, alors que pour les averroïstes elles sont distinctes et peuvent donc se contredire. En 1263, sentant dans ce discours une lourde menace pour la suprématie de la foi, le nouveau pape, Urbain IV, mobilise toutes les forces de l'Église contre les « averroïstes ». L'évêque de Paris, Étienne Tempier, dénonce ceux qui « disent que certaines choses sont vraies selon la philosophie, qui ne le sont pas selon la foi catholique, comme s'il y avait deux vérités contraires ». En 1267, un maître ès arts de Paris, Boèce de Dacie, explique, dans un *Traité sur l'éternité du monde*, que les propositions d'Aristote et de la Genèse sur l'origine de l'univers – l'un prônant sa non-création, l'autre sa création – ne sont pas contradictoires.

Le pape Urbain IV appelle alors un jeune moine italien, Thomas, à combattre Aristote et toutes les sectes qui prolifèrent à travers l'Europe chrétienne. Pour Thomas, la foi chrétienne est supérieure à la science : « Comment peut-on prétendre que les "philosophes chrétiens" sont des philosophes comme les autres ? Comment ose-t-on assimiler un "article de foi" à une "opinion" philosophique ? » Son premier livre majeur, *La Chaîne d'or*, commentaire des Évangiles, est dédié au pape Urbain IV.

Mais le projet de Thomas est vite différent : il veut concilier le dogme catholique et la philosophie aristotélicienne, et démontrer, comme Ibn Rushd et Maïmonide avant lui, que la raison permet de conclure à l'existence de Dieu et à l'immortalité de l'âme. Autrement dit, que rien n'interdit à un croyant de chercher à découvrir la vérité du monde. Ce que font, de plus en plus, les innovateurs florentins, génois, vénitiens et flamands. Tout homme, étant créé « à l'image de Dieu », peut, dit Thomas, remonter jusqu'à son Créateur par la raison. « La grâce ne contredit pas la nature, elle la perfectionne. » Pour Thomas, la raison qui nous permet d'espérer « connaître parfaitement » comment le sensible est « organisé » est une « lumière » procédant de Dieu ; elle illumine l'esprit et soutient la foi, laquelle ne saurait la contredire, puisque toutes deux émanent de Dieu. La philosophie et la science permettent donc l'une et l'autre d'aller vers Dieu. On croirait entendre Aristote, Ibn Rushd et Maïmonide.

Pour Thomas, foi et raison n'ont pas du tout le même objet. L'acte de foi consiste à croire en la Révélation, tandis que la raison opère à partir de ce qui est donné par l'expérience sensible. La connaissance de Dieu, de l'Incarnation et de la Trinité ne saurait être remise en cause par des découvertes scientifiques, car elle ne peut être atteinte que par la Révélation. La science ne doit pas servir de preuve à la foi, car elle est nécessairement provisoire ; le savoir repose soit sur la foi, soit sur l'expérience, suivant que le sujet d'étude concerne le spirituel ou le matériel. La création de l'univers s'explique par ce que Thomas appelle la « volonté amoureuse de Dieu ».

Thomas d'Aquin, conscient de l'éveil de l'Europe à la science et aux techniques, réhabilite alors explicitement la pensée grecque pour tenter de l'intégrer à la théologie chrétienne : « On ne doit pas mépriser la philosophie païenne, grecque surtout, ni les résultats qu'elle a obtenus dans la compréhension du monde. »

Thomas veut éloigner les chrétiens des superstitions et les pousser à accepter la vertu de la vérité : « La vérité de notre foi devient la risée de l'incroyant quand un chrétien, ne possédant pas les connaissances scientifiques suffisantes, tient pour article de foi quelque chose qui n'en est pas en réalité, et qui, à la lumière d'un examen scientifique approfondi, se révèle être une erreur. » En 1277, il est condamné à Paris pour aristotélicisme.

Pendant le siècle qui suit, la pensée judéo-grecque devient ouvertement un sujet d'étude en Europe chrétienne. Pour autant, pas question d'aller très loin : l'Église veille, excommunie, torture et brûle encore tous ceux qui osent s'opposer à sa conception du destin de l'humanité ou mettre la raison au même niveau que la foi. Elle invente même pour cela un instrument terrible, destiné également à lutter contre les hérétiques : l'Inquisition.

Le combat pour la raison et la liberté

Cette bataille va bientôt prendre un tour nouveau, car seule la liberté permet de faire triompher la raison. Seule la raison permet d'organiser le fonctionnement de la liberté.

Dans quelques ports et foires, de Bruges à Venise, de Gênes à Nuremberg, autour de marchands, certains s'appuient sur la pensée judéo-grecque et sur les apports ultérieurs du progrès scientifique et technique. Le paysan s'appuie sur de formidables progrès des techniques agricoles ; le marin sur des révolutions dans l'art de construire les bateaux ; le marchand sur des innovations bouleversantes dans la fabrication des tissus, des verres et des maisons. Le marchand ne veut plus être stigmatisé comme un pécheur dont l'enrichissement est sacrilège et qui ne peut se sauver qu'en faisant don de tous ses biens à l'Église. Il rêve d'un monde de raison, de liberté, où il aurait le pouvoir dans sa cité, sans que l'évêque ou le seigneur lui dicte sa conduite. Un monde où l'on peut penser librement, inventer, créer, comprendre le monde sans *a priori* et sans laisser la foi brimer la recherche de la vérité.

En 1496, le sénat de Padoue autorise officiellement l'université de la ville à ouvrir la première chaire d'enseignement d'Aristote. Érasme, dans son *Éloge de la folie*, dénonce en 1511 les théologiens, les maîtres, les moines, le haut clergé et les courtisans. L'évêque et astronome allemand Nicolas de Cues, disciple de Raymond Lulle, ose penser l'infini de l'univers et faire l'apologie de l'ingénieur, acteur majeur de la révolution technologique en marche, suivi en cela par Léonard de Vinci et par le mathématicien Girolamo Cardano.

À Wittenberg, en 1517, le frère augustin Luther défie l'autorité papale en déclarant que seul le texte de la Bible fait autorité, que le salut de l'âme est un don de Dieu, obtenu avec la foi sincère, sans intercession possible de l'Église, à qui il reproche de faire commerce du pardon des péchés. Il affiche ses *Quatre-vingt-quinze thèses* contre les indulgences. Trois ans plus tard, il brûle la bulle d'excommunication *Exsurge Domine* dont il est frappé. Il affirme que l'action de l'homme est nécessaire pour révéler la grâce, dont dépend le salut. Malgré son antisémitisme virulent, il en revient à la conception juive du rapport au travail et à la richesse : le scandale n'est plus l'opulence, mais la pauvreté. S'enrichir, entreprendre, innover, devient un signe de grâce divine. Chercher, comprendre, progresser, s'enrichir, ne contredit plus les ordres divins.

En même temps que l'Occident chrétien s'ouvre à la pensée grecque, il reconnaît sa dette à l'égard du judaïsme : en 1542, le concile de Trente admet la Torah comme faisant partie de ses textes sacrés. Il a fallu seize siècles pour cela ! Ce triomphe de la raison s'accompagne très progressivement de celui de la liberté individuelle, qui en est la condition. Et, à terme, impose des mécanismes de son exercice, c'est-à-dire le marché et la démocratie.

L'unité par la raison

Un peu partout en Europe, d'innombrables savants, philosophes, ingénieurs, écrivains, hommes politiques, accompagnent cette lutte pour la raison et pour la liberté de pensée par un retour à la pensée des Grecs. En France, vers 1570, Montaigne reconnaît avoir aimé « s'être rongé les ongles à l'estude d'Aristote ». Dans la même veine, Descartes fait de cette recherche rationalisée de la vérité du monde la clé de sa démarche philosophique et la clé du triomphe de l'homme sur la Nature. À la fin de ses *Méditations métaphysiques*, il écrit que la physique mathématique nous rendra « maîtres et possesseurs de la nature ». Au même moment, Blaise Pascal voit dans la science l'expression de la pensée divine, et lui aussi y recherche l'unité de l'explication du monde. La recherche de l'unité par la raison se précise : Copernic et Galilée unifient la conception du système solaire, Giordano Bruno celle des galaxies – il sera brûlé vif en 1600 au Campo dei Fiori, à Rome, pour avoir, entre autres, soutenu qu'il y avait peut-être des milliards de galaxies et des milliards d'étoiles dans chaque galaxie –, Kepler celle de l'explication des mouvements des planètes.

La science expérimentale, dont Aristote et d'autres Grecs avaient déjà posé les jalons, retrouve droit de cité. Dans son ouvrage *La Nouvelle Atlantide* (1627), le chancelier d'Angleterre et physicien Francis Bacon imagine à son tour une cité parfaite, dévolue à l'essor des sciences et des technologies sous le règne de la raison : « Notre Fondation a pour fin de connaître les causes et les mouvements secrets des choses et de reculer les frontières de l'empire de l'homme sur les choses, en vue de réaliser toutes les choses possibles. » Il ajoute que, si l'ambition de l'homme est de dominer la nature, c'est dans le but d'en tirer des avancées concrètes, et non théoriques : des machines agricoles, de nouveaux bateaux, de nouvelles horloges et bien d'autres innovations.

Quarante ans plus tard, à Amsterdam, Baruch Spinoza propose de penser l'unité non plus autour du concept de Dieu tel que défini par le judaïsme de ses pères, mais autour de celui de Nature. Son *Éthique* se présente ainsi comme la nouvelle *Éthique à Nicomaque* d'Aristote, que Spinoza espère rendre enfin universelle en la démontrant à partir de principes certains. Sa méthode de raisonnement se veut purement logique : si l'origine des choses est Dieu, la preuve que Dieu existe, c'est qu'on ne peut pas parler de deux « Dieu » en même temps, puisqu'il ne peut pas exister en même temps deux choses toutes-puissantes (selon le principe : si l'une est plus puissante que l'autre, alors l'autre n'est pas Dieu, et si les deux sont égales, alors elles ne sont pas toutes-puissantes, ni donc « Dieu »). Si Dieu était mêlé aux choses, celles-ci seraient aussi Dieu en partie, or Dieu n'a pas de parties ; si Dieu n'était pas mêlé aux choses, alors il aurait une « frontière » et ne serait plus infini. « Les choses particulières ne sont rien si ce n'est des affections des attributs de Dieu, autrement dit des modes, par lesquels les attributs de Dieu sont exprimés d'une manière certaine et déterminée. »

L'œuvre immense de Spinoza, hors de tous les dogmes, retrouve une pensée de l'unité autour de la présence absolue d'une puissance totale dans la Nature.

Après lui, la science est reconnue comme la voie majeure de la découverte de la réalité, en faisant, comme les Juifs et les Grecs, l'hypothèse qu'elle a un sens accessible à l'esprit humain. Des théoriciens travaillent à comprendre l'unité du monde. Ils construisent aussi des ponts entre des théories apparemment sans rapport et les unifient ; ainsi, Newton unifie Galilée et Kepler. Des empiristes comme George Berkeley et David Hume affirment à l'inverse que seule l'expérience peut fonder le savoir, et que la raison ne joue qu'un rôle secondaire. La pensée judéo-grecque triomphe, à un moment où plus personne ne pense à leurs relations fondatrices, pourtant si évidentes. L'Occident s'est inventé une histoire chrétienne et s'y tient.

Pourtant, leurs relations sont plus fortes que jamais. Le judaïsme va progressivement basculer plus largement du côté de la raison. Moses Mendelssohn (le grand-père du musicien Felix Mendelssohn) traduit la Torah en allemand et incite les Juifs d'Europe (en situation de soumission et d'exclusion) à participer au progrès de la Raison sans renoncer à leur identité. Le triomphe de la pensée judéo-grecque s'accompagne de son oubli.

CHAPITRE 11

Le retour de l'obsession de l'unité

(du XIXe siècle à aujourd'hui)

Quand commence le XIXe siècle, la raison s'impose sur la foi, et, avec elle, l'économie de marché. À l'altruisme de l'éthique vient s'ajouter celui du commerçant, qui a intérêt à plaire à son client. La bourgeoisie voit s'ouvrir un chantier universel : imposer le règne de la raison dans le reste du monde. Une société où le marché et la démocratie deviennent les deux modes de gestion de la rareté privée et publique et se renforcent réciproquement. Une démocratie de marché. On voit ainsi émerger le projet d'une nouvelle unité du genre humain : une société rationnelle, pacifique, universelle. Un projet en germe depuis plus de deux mille ans dans le dialogue judéo-grec.

Bien des choses se jouent dans le monde allemand, qui redécouvre de plusieurs façons les sources des pensées juive et grecque, sans que, pour autant, soit explicitement reconnu le rôle fondateur de la formidable interdépendance de ces deux sources majeures de l'Occident.

La redécouverte de la Septante

L'Allemagne, non encore unifiée, est alors fascinée, pour des raisons géostratégiques, par l'Empire ottoman, avec qui une alliance réduirait le risque d'un isolement face à la Russie, la France et la Grande-Bretagne. Bien des Allemands partent alors vers l'Asie Mineure.

En avril 1844, le comte Constantin von Tischendorf, jeune philologue allemand, part pour l'Orient, envoyé par Frédéric Auguste, roi de Saxe. Il arpente le Proche-Orient de Jérusalem à Patmos, de Beyrouth à Smyrne, de Constantinople au Sinaï. À l'automne de la même année, il visite, au cœur du désert du Sinaï, le monastère grec de Sainte-Catherine. Selon un récit sans doute légendaire, il y découvre par la plus divine des coïncidences, parmi un tas de papiers sans valeur destinés à nourrir le feu d'une des cheminées du monastère, une partie d'une copie de la Septante datée du IVe siècle de notre ère ; c'est la plus ancienne connue. En 1853, Tischendorf parvient à convaincre l'higoumène du monastère de lui confier quarante-deux des pages de ce texte sacré. Le religieux accepte, à la condition que le baron s'engage à les rapporter. Tischendorf promet et signe une lettre, qui se trouve toujours au couvent.

La découverte de Tischendorf s'ébruite et éveille la curiosité de tous les puissants d'Europe. Le Vatican, propriétaire de ce qui était alors considéré comme le plus ancien manuscrit de la Loi juive et du Nouveau Testament, le Codex Vaticanus, veut aussi celui-là, apparemment beaucoup plus ancien. La reine Victoria charge elle aussi un certain Norman Macleod de le rapporter à la British Library, première bibliothèque de la première puissance mondiale. L'Église russe pense que c'est à elle que devrait revenir le *Sinaïticus*. La tsarine Maria Fedorovna et la grande-duchesse Alexandra ordonnent à un nommé Porphyrius Uspensky de se mettre à son tour en quête de ce manuscrit pour le compte des Romanov et de l'Église orthodoxe russe. Chacune des nations d'Europe se veut un lien particulier avec cette Bible judéo-grecque et entend y trouver un fondement à la fois spirituel et idéologique de sa propre identité nationale.

Dix ans plus tard, Tischendorf retourne au Sinaï dans l'espoir de mettre au jour d'autres feuillets de ce même manuscrit. Il ne trouve rien : les moines, sur ordre de l'Église russe, dont ils dépendent, lui cachent ce qui peut encore exister. En 1858, il obtient le soutien du tsar Alexandre II. En raison de ce soutien russe, le couvent lui montre enfin une Septante presque complète. Elle semble avoir été copiée à Alexandrie au IIIe siècle de notre ère. Le couvent le remet à Tischendorf pour le tsar.

Mais Tischendorf, fidèle sujet de l'empereur allemand, remet un tiers de ce codex à l'université de Leipzig et seulement le reste au tsar à Saint-Pétersbourg. En 1933, à court de devises, les autorités soviétiques vendent la plupart des feuillets qu'elles détiennent au British Museum. En 2005, le document est numérisé dans son ensemble, et il est en ligne depuis 2008.

La redécouverte de la pensée ionienne : tout par l'Allemagne

Au même moment, d'autres explorateurs allemands redécouvrent une autre partie de l'Empire ottoman : le monde ionien. À partir de 1871 et de la constitution de l'Empire allemand, Bismarck se lance dans un rapprochement avec l'Empire ottoman. Il fait construire le chemin de fer qui relie Constantinople à Bagdad et encourage les archéologues allemands à s'intéresser à l'Empire ottoman, en particulier à l'Ionie.

Le premier, Heinrich Schliemann, tour à tour épicier, touriste et homme d'affaires, débarque en Grèce en 1868. En 1870, il met au jour ce qu'il pense être la ville de Troie dont parlent les récits attribués à Homère. En 1882, il engage un jeune archéologue allemand, Wilhelm Dörpfeld, et ils découvrent ensemble Mycènes, en Grèce continentale. Puis Dörpfeld découvre seul les ruines de Milet et de Pergame, relayé ensuite par Theodor Wiegand. C'est un immense choc que de découvrir ce monde alors inconnu de tous en Europe. Des villes presque intactes s'offrent aux archéologues. Les uns et les autres sont aussi attachés à l'ambassade d'Allemagne à Constantinople.

La redécouverte de l'Ionie par l'Europe n'est pas qu'archéologique. Elle est également philosophique. Et, là encore, allemande.

La vision la plus originale de cette redécouverte est celle d'un penseur marginal, protéiforme, aux écrits singuliers : Friedrich Nietzsche. Il redécouvre à la fois la pensée juive et les philosophes ioniens, osant, pour la première fois depuis des siècles, lancer un pont entre eux. Pour lui, les Juifs sont au cœur de la permanence, parce que leur foi leur permet de résister aux changements trop rapides : « Ils changent, s'ils changent [...], comme un empire qui n'est pas né d'hier et qui a du temps devant soi, c'est-à-dire aussi lentement que possible » (*Par-delà le bien et le mal*). Ils changent selon une nécessité qui leur est propre. Ils sont inactuels. Ils ont par exemple « cette foi décidée qui n'a pas à éprouver de honte en présence des "idées modernes" », une foi qui n'aurait pas été touchée par le « discrédit » dans lequel est tombée « la croyance au Dieu chrétien » (*Le Gai Savoir*). C'est « le peuple le plus étonnant de l'histoire universelle, [...] le peuple le plus fatal de l'humanité » (*L'Antéchrist*). « Ils ont dû les représenter jusqu'à donner le change, ils ont su, avec un *non plus ultra* de génie théâtral, se placer à la pointe de tous les mouvements décadents [...], pour en faire quelque chose de plus fort que tout parti du "oui" à la vie » (*L'Antéchrist*). Et encore : les Juifs sont « de bons Européens, les héritiers de l'Europe, héritiers riches et comblés, mais héritiers aussi infiniment redevables de plusieurs millénaires d'esprit européen » (*Le Gai Savoir*).

Puis, évoquant les philosophes ioniens, Nietzsche a l'intuition de leur relation avec la pensée juive. Parlant de Thalès, il écrit qu'il est « le premier philosophe grec, parce qu'il avance l'idée que toutes les choses se réduisent à une seule ». Nietzsche défend même l'idée de Thalès, pour qui l'élément unificateur est l'eau, car l'eau est source de la moisissure, à l'origine de toute vie.

Nietzsche est pratiquement le premier, depuis dix-huit siècles, à voir que les penseurs ioniens se sont très largement inspirés de leurs relations avec le monde juif. Pour lui, Thalès est même sans doute juif. L'origine sémite de la pensée ionienne, et d'abord de Thalès lui-même, est, dit-il, admise par les Grecs eux-mêmes, parce que, selon eux, seul quelqu'un venu d'ailleurs, de Phénicie ou de Judée, aurait pu commettre le blasphème de critiquer Homère et Hésiode.

Répondant à Nietzsche, Hermann Diels, philologue allemand spécialiste incontesté du monde hellène, contemporain de Nietzsche, admet avec réticence que le sémitisme de la famille de Thalès est vraisemblable : pour lui, des « colons primitifs » sémites se seraient installés depuis plusieurs générations dans les cités ioniennes et y auraient apporté des éléments sémitiques, et Thalès est sans doute d'origine sémitique : « Dans tous les cas, le nom d'Examyès, que portait son père, ne tend pas à prouver qu'il fût Sémite. C'est un nom carien, et les Cariens avaient été presque complètement assimilés par les Ioniens. Sur les monuments, on trouve des noms grecs et des noms cariens alternant dans les mêmes familles, et il n'y a donc aucune raison de supposer que Thalès fût autre chose qu'un citoyen ordinaire de Milet, quoique peut-être avec du sang carien dans les veines. »

Cette thèse, comme beaucoup d'intuitions de Nietzsche, ne sera pas reprise par l'Université, qui préférera s'en tenir à la fiction de deux peuples cloisonnés, de deux pensées hermétiquement closes l'une à l'autre.

Athènes-Jérusalem : Renan, Strauss et Chestov

Trois penseurs de la fin du XIXe siècle pensent aussi frontalement le sujet, mais pour glorifier deux pensées majeures et parallèles, et pas leurs relations. Un Français, un Allemand et un Russe. Ils s'expriment au moment où la discussion sur les pensées juive et grecque tourne en fait, implicitement, autour de la question de la laïcité et du droit de penser libre, hors du religieux. C'est alors une question essentielle dans l'Europe qui commence à s'émanciper de la tutelle de l'Église.

Dans son « Discours d'ouverture » de son cours au Collège de France, en 1862, l'historien Ernest Renan oppose les esprits sémites aux Grecs. En 1883, dans sa « Prière sur l'Acropole », il relate ses impressions d'un premier voyage en Grèce, évoquant le « miracle grec » et le « miracle juif » : « Depuis longtemps je ne croyais plus au miracle, dans le sens propre du mot. Cependant la destinée unique du peuple juif, aboutissant à Jésus et au christianisme, m'apparaissait comme quelque chose de tout à fait à part. Or voici qu'à côté du miracle juif venait se placer pour moi le miracle grec, une chose qui n'a existé qu'une fois, qui ne s'était jamais vue, qui ne se reverra plus, mais dont l'effet durera éternellement, je veux dire un type de beauté éternelle, sans nulle tache locale ou nationale. » Deux miracles juxtaposés. Rien de plus.

Pour Leo Strauss, pensée juive et pensée grecque sont deux fondements totalement distincts de l'Occident. Jérusalem représente la foi et Athènes la raison ; ils seraient donc incompatibles et sans relation. Pour lui, le judaïsme se définit par l'orthodoxie religieuse, et Athènes par l'audace des philosophes. La sagesse, pour les Juifs, passe par la crainte de Dieu, alors qu'elle passe par l'étonnement pour les Grecs. En choisissant l'héritage grec, l'Occident se serait, selon lui, affaibli, alors que la morale que représente Jérusalem aurait permis de donner sens à la démocratie. Leo Strauss finit toutefois par considérer que pensée juive et pensée grecque ont quelque chose en commun : un désir d'excellence finale de l'humanité, l'une par la rédemption, l'autre par la sérénité. « De nos jours, ce désaccord radical est souvent minimisé, pour une raison toute superficielle, toute l'histoire de l'Occident se présentant au premier abord comme une tentative de les harmoniser ou d'établir une synthèse entre elles. »

Selon Leo Strauss, la faiblesse de l'Occident serait d'avoir fondé sa vision politique sur des principes conduisant à une conception auto-satisfaite de l'homme, au lieu d'encourager sa recherche d'excellence. L'Occident n'aurait donc cessé d'appauvrir sa conception de la nature humaine, et, de fait, de contribuer à son propre déclin.

Pour Léon Chestov, un autre théoricien juif, russe celui-là, contemporain de Strauss et qui a aussi réfléchi aux relations entre Athènes et Jérusalem, Athènes a découvert et imposé la philosophie et la raison ; alors que Jérusalem a découvert et imposé le temps et l'Histoire, et leur libération, par la prophétie et la révélation. Athènes et la raison conduisent l'homme à réfléchir sur la seule nécessité de l'être ; Jérusalem et la révélation conduisent l'homme à réaliser la véritable liberté. Pour Chestov, la raison est impérialiste, et « l'homme court à sa perte lorsqu'il érige la raison comme l'unique mesure de son être ». La raison est le véhicule privilégié de l'asservissement. Athènes a asservi l'imaginaire humain, faisant du savoir le maître absolu, tyrannique, qui finira par « paralyser notre volonté et plonger notre esprit dans un assoupissement tel que nous voyons paradoxalement notre perfection dans l'impuissance et la soumission ». « Depuis Socrate, la vérité pour les hommes s'est confondue avec les jugements généraux et nécessaires : tout le monde est convaincu que la pensée n'a le droit de s'arrêter que lorsqu'elle s'est heurtée à la nécessité qui met fin à toutes les recherches, à toutes les curiosités. » Cette nécessité est érigée en véritable idole. Selon Chestov, Jérusalem fait « écho à la souffrance et à l'espérance de l'existant ». Pour lui, il « a plu à Dieu de sauver les croyants par la folie de son message ».

Fulgurante intuition des dangers que la raison peut faire courir à un monde sans morale.

Max Weber et la raison, plus juive que grecque

Pour le sociologue allemand Max Weber, qui écrit au début du XXe siècle, la raison, fondement de l'Occident, est plus juive que grecque : les sages juifs n'eurent de cesse, dit-il, depuis la plus haute Antiquité, de rejeter « toutes les méthodes d'accès à Dieu fondées sur l'irrationalité et l'enthousiasme », au contraire des Grecs. Il rappelle que le mot *théos* est à la racine du mot « enthousiasme », qui désigne un étonnement perpétuel. L'obligation de l'étude pour les Juifs les incite à « se détourner des formes irrationnelles de quête du salut, et ce en vertu du contenu éthiquement rationnel de la Torah et des livres prophétiques ».

Pour Weber, les prophètes sont aussi l'expression de la rationalité la plus absolue ; ils n'agissent pas en voyants ou en augures, mais cherchent à resituer le peuple dans la rationalité de la Loi, elle-même expression la plus accomplie de la « rationalité divine ». Le culte juif, dit-il, n'est que la traduction de la rationalité de la vie domestique. Les sages juifs n'étaient ni des magiciens, ni des astrologues, ni des philosophes ésotériques ; ils n'étaient pas porteurs d'une doctrine de salut magique, mystique, ni d'une quelconque gnose ; ils se devaient d'incarner la raison par excellence.

Pour lui, le judaïsme s'est toujours constitué loin d'un dualisme de l'esprit et de la matière, concept forgé notamment par l'intellectualisme grec, culminant dans le néoplatonisme, faisant, à son apogée, du corps la prison de l'âme.

Le comble de cette rationalité juive réside, pour Weber, dans le fait que tous les textes bibliques soient directement accessibles à l'ensemble du peuple, depuis les enfants jusqu'aux vieux érudits. Et si les textes d'Homère sont aussi directement accessibles aux enfants, ils décrivent un comportement amoral, si ce n'est immoral, des héros et des dieux. « En revanche, le rationalisme qui ressort des textes sacrés juifs, un rationalisme moral, mais aussi cosmologique et pragmatique, est plus immédiatement populaire et davantage adapté dans ses parties décisives à l'intelligence d'un enfant qu'aucun autre texte sacré au monde. »

Pour Weber, l'utopie messianique juive est aussi purement rationnelle, car, dans le chaos du monde, la nécessité d'un sauveur s'impose intellectuellement.

Pour le sociologue allemand, l'attrait du judaïsme auprès des Grecs venait donc non pas du rituel, mais de cette conception d'un Dieu immense et majestueux : aux yeux des Grecs, « l'éthique juive apparaissait comme forte et pure, et enfin les promesses du judaïsme apparaissent comme simples et claires ».

Cette conception d'un Dieu fort doublée d'une éthique de la pureté représentait quelque chose d'immuable qui devait exercer sur les Grecs, et d'autres, une séduction puissante, notamment après l'effondrement des États nationaux grecs et la décadence de l'ordre militaire qui régissait les cités.

Au total, pour Max Weber, la pensée hébraïque n'ayant eu de cesse de rationaliser l'image de l'univers – ce qu'aucune autre religion n'a eu le souci d'accomplir –, le judaïsme est à la base de ce processus de rationalisation qui façonne la civilisation occidentale. Plus encore, dit-il, que la raison grecque.

Quand la science n'est plus raison

La science continue sa quête de l'unique, du « un » derrière le « multiple ». La physique, comme au temps de Thalès, Leucippe et Démocrite, se concentre sur la recherche de la cause unique des forces qui animent l'univers et sur l'unification de toutes les forces déjà identifiées (gravitationnelle, électrique, magnétique, quantique).

D'abord, James Maxwell unifie électricité, magnétisme et induction, en démontrant que les champs électriques et magnétiques se propagent dans l'espace sous la forme d'une onde à la vitesse de la lumière. Puis Albert Einstein, avec la relativité restreinte puis générale, unifie la matière et l'énergie ; il conduit à penser la science hors de la raison intuitive, dans un univers que l'homme ne peut que concevoir, et non plus percevoir. Paul Dirac unifie ensuite relativité restreinte et mécanique quantique. En revanche, la relativité générale, qui décrit l'interaction gravitationnelle dans un cadre relativiste, déterminant les trajectoires des corps, reste encore distincte de la mécanique quantique et de son extension à la théorie quantique des champs. Theodor Kaluza et Oskar Klein tentent d'unifier la force de gravitation et la force électromagnétique en étendant la relativité générale à un espace à cinq dimensions, donnant à la cinquième une forme enroulée et une longueur extrêmement faible, ouvrant à la théorie des cordes, qui n'est pour l'instant qu'une théorie mathématique d'une grande complexité.

Devant cet échec, beaucoup pensent désormais qu'il faut renoncer à rechercher la cause unique. Qu'il est même vraisemblable que l'univers lui-même soit multiple. Pour certains, cela veut dire que l'univers se scinde en plusieurs portions ne pouvant pas interagir les unes avec les autres. Pour d'autres encore, cela signifie qu'il existerait plusieurs univers, avec leurs lois et leurs constantes universelles propres et différentes. Pour d'autres enfin, poursuivant la théorie des cordes, il existerait même une infinité d'univers à dix dimensions.

Quand la cause unique n'est plus aisément accessible par la science, l'obsession de l'unité se retrouve derrière d'autres discours : l'unité par le hasard pour Darwin ; par l'Histoire pour Marx ; par la sexualité pour Freud. Et tant d'autres visions totales du monde.

Cela dérape parfois en vision totalitaire du monde, dans la négation radicale de l'Autre. D'abord chez Mussolini, puis chez Staline, puis chez Hitler, chaque fois sous une forme totalitaire, apparaissent de nouvelles causes, toujours uniques, des malheurs du monde. Avec, dans chacun de ces cas, l'obsession d'un complot juif ou, pour certains, judéo-grec, qui aurait pourri l'âme des peuples en leur imposant le marché, la démocratie, l'universalité, la raison.

L'Occident comme point de rencontre moderne du projet judéo-grec

L'Église elle-même commence à admettre que la foi ne peut contredire la raison, que la science impose sa vérité sans nier la foi. Cela passe en particulier par la reconnaissance, très tardive, de l'importance de Thomas d'Aquin. En 1914, Pie X impose l'enseignement du thomisme dans les universités et les collèges catholiques. En 1950, Pie XII, dans l'encyclique *Humani generis*, affirme que la philosophie thomiste est « le guide le plus sûr de la foi catholique ». En 1998, Jean-Paul II s'inspire à son tour de Thomas, presque mot pour mot, dans l'encyclique *Fides et ratio* (« Foi et raison »), avec une phrase qui condamne des siècles de pratique pontificale : « La foi, privée de la raison, [...] tombe dans le grand danger d'être réduite à un mythe ou à une superstition. »

La pensée judéo-grecque, à la source de la foi et de la raison de l'Occident, et de la glorification de l'Être et de l'Autre, trouve enfin, aujourd'hui, le chemin vers la lumière : glorifier l'Unité en l'Autre. Elle peut ne plus être seulement le fondement caché de l'Occident. Elle peut en être le guide pour l'avenir.

CONCLUSION

Que nous dit cette longue généalogie ? Nous apprend-elle l'essence de nos valeurs ? Nous permettrait-elle de prédire l'avenir de l'Occident ? Parmi toutes les civilisations ayant existé ou existant encore, celle-ci mérite-t-elle plus que les autres de survivre ? Peut-on encore parler d'une « civilisation » alors que tant de barbaries ont été accomplies en son nom ? Est-elle fidèle à ses origines, ou n'a-t-elle pas déjà tant muté, depuis la fondatrice rencontre judéo-grecque, il y a plus de vingt-cinq siècles, qu'elle n'a plus rien de ses traits originaux ? La version aujourd'hui planétaire de cette civilisation – que l'on dit toujours occidentale, bien qu'on la retrouve désormais en Afrique, en Chine, au Japon, en Grèce ou en Amérique latine – a-t-elle encore quelque chose à voir avec le dialogue de quelques philosophes et rabbins en Méditerranée il y a vingt-cinq siècles ? Ses passages par le monde romain, puis par le règne de l'Église, puis par celui des Lumières, ont-ils laissé survivre quelques éléments de sa genèse ? Faut-il louer la pensée judéo-grecque d'être à l'origine du monde d'aujourd'hui, de nous avoir fait sortir du multiple et du fatalisme, de nous avoir poussés à vouloir maîtriser le monde et la nature ?

À toutes ces questions, ce livre apporte une réponse affirmative.

Oui, c'est du dialogue judéo-grec que surgit le refus de la fatalité et que la liberté des hommes s'impose contre celle des dieux. Celle d'Adam et de Prométhée, malgré leurs malheurs.

Oui, tout ce qui a surgi entre Jérusalem et Athènes (l'idée de l'unicité des causes, le monothéisme, la raison, la monnaie, la démocratie, la liberté individuelle, le droit de circuler, d'échanger, de penser, le droit au bonheur et à la vie, la laïcité, la valeur de la vie humaine, l'importance de l'Autre) se retrouve aujourd'hui encore au cœur de la conception dominante du monde.

Et c'est dans ce dialogue que commence le règne de la raison, inséparable de celui de la liberté : on ne peut raisonner sans être libre. On ne peut être libre sans raisonner.

Si notre science se focalise sur la recherche de l'unité, c'est dans la perspective de cette rencontre. Si le monothéisme a envahi le monde, c'est à cause de cette rencontre. Et la façon dont les uns et les autres nient cette fécondation de l'une par l'autre nous dit beaucoup de l'avenir d'une civilisation qui refuse d'assumer les conditions de sa naissance.

C'est donc bien d'une sorte de psychanalyse de la civilisation occidentale, pour dévoiler et assumer ses secrets de famille, qu'il est question ici.

De siècle en siècle, l'importance de l'individu et de sa liberté, son droit de choisir ses biens privés et ses biens publics, son acceptation des mêmes droits pour les autres, se sont imposés.

Aujourd'hui, la civilisation occidentale est constituée de cette double dimension : elle est à la fois monothéiste et laïque ; elle mêle sans les opposer la foi et la raison, et fait l'apologie de toutes les formes de liberté. À commencer par la liberté de mouvement – des marchandises, des capitaux, des idées, des hommes et des femmes – et la liberté de penser, de choisir sa vie et de se nourrir des choix des autres. Elle bascule ainsi peu à peu, au moins pour certains de ses membres, de la sédentarité au nomadisme, voulu ou subi, libérateur ou destructeur.

De siècle en siècle, par la force des armes et des idées, elle s'est étendue d'abord à l'Europe, puis à la quasi-totalité du reste du monde, de l'Asie à l'Amérique latine, de l'Afrique au monde arabe. Pas une autre civilisation qui ne se soit largement imprégnée des idéaux, des modes de vie et des médias venus de l'Occident ; au point qu'aujourd'hui on pourrait douter qu'il existe encore d'autres civilisations que la civilisation occidentale.

Si le monde continue d'évoluer selon cette dynamique, on assistera à la généralisation planétaire de la liberté individuelle, de la raison et de sa forme d'organisation politique, la démocratie de marché. Chaque humain voudra alors disposer des mêmes droits que les Occidentaux : travailler, aimer, apprendre, se soigner, se loger, se distraire, voyager, déménager. Et surtout choisir librement pour qui voter, avec qui se marier ou divorcer, décider de ses propres mœurs et accepter celles des autres.

Mais ce modèle sera d'une fragilité croissante : le marché, en devenant mondial, prendra le pas sur la démocratie, qui restera locale. La liberté, triomphant sur toutes les autres valeurs, imposera précarité, déloyauté, instabilité, égoïsme. Le monde sera alors régi dans le plus grand désordre, faute d'état de droit unifié.

Dans une telle société, le nomadisme l'emportera sur la sédentarité, personne ne prendra soin des autres, en particulier des générations suivantes, oubliant qu'elles sont nécessaires à son propre bien-être : les jeunes générations seront négligées ; les seniors conserveront l'essentiel des revenus ; les infrastructures d'avenir (éducation, santé, routes, moyens de transport et de communication, environnement) ne seront pas tenues en état, et, quand elles le seront, ce sera par des financements à crédit obérant l'avenir. L'art lui-même ne sera plus que l'expression narcissique de l'ego de l'artiste.

Au-delà, l'homme sera de plus en plus envahi par des prothèses, jusqu'à devenir lui-même un artefact, concurrencé par ses propres créations. L'altruisme se réduira à une économie collective entre machines.

Alors, quel est l'avenir de cette civilisation ?

On pourrait d'abord essayer de le deviner en examinant celui des lieux où elle a commencé, au Proche-Orient : il n'est pas des plus prometteurs. On aurait pu pourtant imaginer que surgiraient là les villes et les nations les plus puissantes du monde ; il n'en fut rien, ni par le passé, ni aujourd'hui. Jamais Athènes ni Jérusalem, ni le reste du Levant ou du Proche-Orient, n'ont été des superpuissances, même au temps où Grèce et Judée étaient puissantes ou faisaient partie de l'Empire ottoman ou perse, qui ne furent jamais non plus que de grandes puissances régionales. Le berceau de l'Occident est donc, ironiquement, le lieu aujourd'hui le plus éloigné de la victoire de ses idées. Si aujourd'hui la Grèce fait partie de l'Union européenne et si Israël est une des premières puissances technologiques au monde, leurs perspectives d'avenir ne sont pas très brillantes : la Grèce est menacée de décliner économiquement faute d'une réelle solidarité européenne, d'un altruisme continental, et de devenir un lieu d'accueil massif de réfugiés venus du reste de l'Asie Mineure en crise ; Israël, en se crispant sur un refus de reconnaître son voisin palestinien, prépare les conditions de sa disparition à terme dans un État unique et binational.

Le sort de l'Occident tout entier sera-t-il alors de rejoindre son lieu fondateur dans le chaos ? Cette civilisation peut-elle disparaître ? Qu'est-ce qui pourrait provoquer sa disparition ?

D'abord, l'Occident peut disparaître en étant envahi par des peuples venus d'autres civilisations, qui, au lieu de s'intégrer, modifieraient sa nature même, en y imposant d'autres valeurs. Certains prévoient que l'Europe en particulier sera envahie de tant de migrants musulmans qu'un « grand remplacement » fera bientôt disparaître la civilisation occidentale, qu'ils nomment souvent « chrétienne ». D'autres disent que, aux États-Unis, le basculement démographique au détriment des descendants des Anglo-Saxons et au bénéfice des communautés d'origine africaine et hispanique est en marche et fera disparaître la civilisation occidentale. Les deux hypothèses ne semblent pas probables, mais totalement irréalistes : il faudrait que des dizaines de millions de musulmans émigrent en Europe pour que leur nombre soit significativement influent, avant d'être occidentalisés, ou qu'autant de millions d'Européens se convertissent à l'islam ; et, aux États-Unis, les communautés noire et hispanique sont profondément ancrées dans les valeurs chrétiennes. On peut aussi mentionner l'hypothèse d'un envahissement de l'Europe par des populations venues d'Asie, et en particulier de Chine.

L'Occident peut aussi disparaître en renonçant à ses propres valeurs pour se défendre contre ces envahisseurs ; d'abord en se fermant aux migrants, sous prétexte de se défendre contre le terrorisme, puis en se fermant aux idées et aux marchandises venues d'ailleurs. Une telle fermeture serait ironiquement une caricature de l'apologie de l'unité – l'unité par la pureté, le totalitarisme, la désignation de boucs émissaires. Elle mettrait fin à la démocratie pour adapter le droit aux exigences de la sécurité.

L'Occident peut aussi disparaître en refusant de prendre en compte les exigences de sa survie à long terme. Un Occident où l'apologie de la liberté rend possible la déloyauté et le refus de la prise en compte de l'intérêt des générations suivantes. La faillite menace cet Occident qui finance à crédit la consommation des générations présentes sans la moindre chance d'avoir jamais les moyens de rembourser ces emprunts, ruinant inévitablement ses épargnants. De fait, jamais les États, les entreprises et les particuliers américains, japonais et européens n'ont été aussi endettés qu'aujourd'hui. En conséquence, l'Occident pourrait disparaître, avec l'humanité tout entière, par suite d'un manque d'eau, d'air, de plancton, de corail, et des conséquences de tout cela sur la vie même.

Au total, même si l'Europe reste le continent où l'on vit le mieux, même si les États-Unis sont encore, et pour longtemps, la première superpuissance planétaire, même si leurs valeurs gagnent le monde, même si la survie de l'Occident semble assurée pour des siècles encore, les États-Unis pourraient se barricader dans un isolationnisme suicidaire, l'Union européenne pourrait se défaire et les guerres reprendre entre les nations qui la composent, et le monde, devenu occidental, pourrait foncer vers un désastre écologique et technologique. Ni la Chine, ni l'Inde, ni la Russie, ni qui que ce soit d'autre, même dans l'Afrique si prometteuse, ne pourra alors reprendre le contrôle du bateau ivre et l'empêcher de se fracasser.

L'Occident peut enfin disparaître avec l'humanité tout entière, transformée en artefact par la généralisation des prothèses et les extensions de l'intelligence artificielle. La science, qui nous incite à nous penser comme anecdotiques dans l'univers, conduit aussi à inventer des êtres qui nous sont extérieurs, des intelligences artificielles qui pourraient nous être bientôt hostiles et nous détruire. L'humanité disparaîtra alors, parce qu'elle aura oublié de respecter la vie, pour en faire un objet.

Ces divers scenarii ne sont pas invraisemblables. Ils sont même, à deux ou trois générations d'ici, très probables. Oui, l'Occident et l'humanité tout entière peuvent se suicider. Ils en auront de plus en plus les moyens – militaires, technologiques, écologiques, biologiques, idéologiques.

Ces sombres menaces annoncent des réactions préventives totalitaires : une volonté de défendre l'Occident en renonçant à la liberté, qui en constitue pourtant l'essentiel ; l'installation de dictatures légitimées par la pureté, ou par l'écologie, ou par la transcendance. Tout comme on a vu, au début du XXe siècle, des dictatures (fasciste, communiste et nationale-socialiste) apporter des réponses totalitaires aux colères des populations, avant que la social-démocratie ne prenne le relais, on voit apparaître aujourd'hui des réponses totalitaires, écologistes, populistes ou religieuses, à d'autres colères.

La survie de la civilisation occidentale passe alors par sa capacité à répondre à cette grande question : est-il possible de conserver le meilleur de l'Occident et de son fondement judéo-grec, c'est-à-dire le droit à la liberté et à la raison, à la beauté et à la transcendance, à l'ouverture et à l'altruisme, tout en répondant aux enjeux de demain ? Peut-on concilier le sens du long terme et les exigences de la liberté ? Peut-on donner aux générations futures le droit d'influer sur les décisions d'aujourd'hui ?

Oui, c'est possible. Avec une éthique retrouvant les fondements du judaïsme (l'altruisme) et de la pensée grecque (la raison), mettant ainsi en avant leur combinaison en un altruisme rationnel, en particulier à l'égard des générations suivantes. Une éthique persuadant chacun de rechercher son bonheur dans celui des autres, parce qu'il est dans notre intérêt d'être altruiste. Car c'est bien, on l'a vu, au cœur même de la civilisation occidentale, depuis ses fondements judéo-grecs, que réside cette idée de l'altruisme rationnel depuis trop longtemps oubliée. On la retrouve dans les textes de la Torah et d'Aristote, dans les discours de Salomon et de Périclès.

L'homme, pour être heureux, doit créer les conditions du bonheur de ses voisins. Mieux encore : il doit les rendre heureux avant de chercher à être heureux lui-même. Créant ainsi peu à peu une « société positive » dans laquelle les entreprises, les individus, les partis politiques, les artistes, agiraient consciemment et librement dans l'intérêt des générations suivantes.

Tel est le cœur du message judéo-grec, trop longtemps enfoui, condition de notre survie.

BIBLIOGRAPHIE

Anthonioz Stéphanie, *L'Eau : enjeux politiques et théologiques, de Sumer à la Bible*, Brill, 2009.

—, *Qu'est-ce que la sagesse ? De l'Orient ancien à la Bible*, Éd. Collège des Bernardins, 2011.

—, *Le Prophétisme biblique : de l'idéal à la réalité*, Cerf, 2013.

Arokady Badr-Eddine *et al.*, *La Méditerranée des Phéniciens : de Tyr à Carthage* (catalogue d'exposition), Somogy Éditions d'Art, 2007.

Assmann Jan, *Moïse l'Égyptien*, Aubier, 2001.

—, *Le Prix du monothéisme*, Aubier, 2007.

—, *La Mémoire culturelle : écriture, souvenir et imaginaire politique dans les civilisations antiques*, Aubier, 2010.

—, *Religio Duplex : comment les Lumières ont réinventé la religion des Égyptiens*, Aubier, 2013.

—, Lang Berhnard, Gibert Pierre, *Enquête sur le Dieu unique*, Bayard, coll. « Le Monde de la Bible », 2010.

Attali Jacques, *Fraternités*, Fayard, 1999.

—, *La Confrérie des éveillés*, Fayard, 2004.

—, *Foi et Raison – Averroès, Maïmonide, Thomas d'Aquin*, Bibliothèque nationale de France, 2004.

—, *Phares. 24 destins*, Fayard, 2010.

—, *Histoire de la modernité. Comment l'humanité pense son avenir*, Robert Laffont, 2013.

Azoulay Vincent, *Périclès : la démocratie athénienne à l'épreuve du grand homme*, Armand Colin, 2010.

Banon Patrick, *Flavius Josèphe : un Juif dans l'Empire romain*, Presses de la Renaissance, 2007.

Bardollet Louis, *Les Mythes, les Dieux et l'Homme*, Les Belles Lettres, 1997.

Baurain Claude, *Les Grecs et la Méditerranée orientale : des siècles obscurs à la fin de l'époque archaïque*, PUF, coll. « Nouvelle Clio », 1997.

Bernal Martin, *Cadmean Letters*, Eisenbrauns, 1990.

Berthelot Katell, *Philanthrôpia judaica : le débat autour de la « misanthropie » des lois juives dans l'Antiquité*, Brill, 2002.

—, *L'« Humanité de l'autre homme » dans la pensée juive ancienne*, Brill, 2004.

—, *Le monothéisme peut-il être un humanisme ?*, Fayard, 2006.

—, Michaël Langlois, Thierry Legrand *et al.*, *La Bibliothèque de Qumran*, Cerf, 2008-2014.

Bollack Jean, Wismann Heinz, *Héraclite ou la Séparation*, Minuit, 2001.

Bonnet Corinne, Niehr Herbert, *La Religion des Phéniciens et des Araméens*, Labor et Fides, 2014.

Bordreuil Pierre, Briquel-Chatonnet Françoise, *Le Temps de la Bible*, Fayard, 2000.

—, Michel Cécile, *Les Débuts de l'Histoire : civilisations et cultures du Proche-Orient ancien*, La Martinière, 2008.

Borgeaud Philippe, *La Mère des dieux : de Cybèle à la Vierge Marie*, Seuil, 1996.

—, *Aux origines de l'histoire des religions*, Seuil, 2004.

—, *Exercices de mythologie*, Labor et Fides, 2004.

—, Vernant Jean-Pierre, *L'Homme grec*, Seuil, coll. « Points », 2000.

—, Prescendi Francesca *et al.*, *Religions antiques : une introduction comparée*, Labor et Fides, 2015.

Bost Élisée Henri, Moebus Frédéric, *Étude critique sur l'origine de la version des Septante et du rôle d'Esdras dans le rétablissement du peuple juif après la captivité* (1859), Kessinger Publishing, 2010.

Bottéro Jean, *Naissance de Dieu : la Bible et l'historien*, Gallimard, coll. « Folio », 1992.

—, *Babylone et la Bible*, Les Belles Lettres, 1994.

—, *La Plus Vieille Religion en Mésopotamie*, Gallimard, 1998.

—, *Au commencement étaient les dieux*, Fayard, coll. « Pluriel », 2012.

—, Herrenschmidt Clarisse, Vernant Jean-Pierre, *L'Orient ancien et nous*, Albin Michel, 1996.

Boyarin Daniel, *La Partition du judaïsme et du christianisme*, Cerf, 2011.

—, *Le Christ juif : à la recherche des origines*, Cerf, coll. « Initiations bibliques », 2014.

—, Boyarin Jonathan, *Pouvoir de diaspora : essai sur la pertinence de la culture juive*, Cerf, coll. « La Nuit surveillée », 2007.

Brague Rémi, *Europe, la voie romaine*, Gallimard, coll. « Folio », 1999.

—, *La Loi de Dieu : histoire philosophique d'une alliance*, Gallimard, coll. « L'Esprit de la cité », 2005.

—, *Introduction au monde grec : études d'histoire de la philosophie*, Flammarion, coll. « Champs », 2008.

Bréal Alfred, *Mélanges de mythologie et de linguistique*, Librairie Hachette, 1877.

Brémaud Pierre, *Le Dossier Pythagore : du chamanisme à la mécanique quantique*, Ellipses, 2010.

Briend Jacques, Seux Marie-Joseph, *Textes du Proche-Orient ancien et histoire d'Israël*, Cerf, 1977.

Briquel-Chatonnet Françoise, *Les Relations entre les cités de la côte phénicienne et les royaumes d'Israël et de Juda*, Peeters, 1991.

—, Aigle Denise, *Figures de Moïse*, Éditions de Boccard, 2016.

Brisson Luc, *Platon, les mots et les mythes : comment et pourquoi Platon nomma le mythe ?*, La Découverte, série « Histoire classique », 1982.

—, *Introduction à la philosophie du mythe*, Vrin, 1997.

—, Meyerstein F. Walter, *Puissance et limites de la raison*, Les Belles Lettres, 1995.

Brochard Victor, *Les Sceptiques grecs*, Vrin, 1959.

Buffière Félix, *Les Mythes d'Homère et la Pensée grecque*, Les Belles Lettres, 1973.

Burkert Walter, *The Orientalizing Revolution : Near Eastern Influence on Greek Culture in the Early Archaic Age*, Harvard University Press, 1992.

Campbell Joseph, *Puissance du mythe*, Oxus, 2010.

Carlier Pierre, *Le IVe siècle grec : jusqu'à la mort d'Alexandre. Nouvelle histoire de l'Antiquité – 3*, Seuil, coll. « Points Histoire », 1995.

Castoriadis Cornelius, *Ce qui fait la Grèce*, t. 1 : *D'Homère à Héraclite*, Seuil, 2004 ; t. 2 : *La Cité et les Lois*, Seuil, 2008 ; t. 3 : *Thucydide, la force et le droit*, Seuil, 2011.

Chantraine Pierre, *Morphologie historique du grec*, Librairie Klincksieck, 2002.

Charbonneaux Jean, Martin Roland, *Le Monde grec*, 3 vol., Gallimard, coll. « L'Univers des formes », 2008-2010.

Chestov Léon, *Athènes et Jérusalem : un essai de philosophie religieuse*, Le Bruit du temps, 2011.

Clerc Michel, *Les Métèques athéniens : étude sur la condition légale, la situation morale et le rôle social et économique des étrangers domiciliés à Athènes (1857)*, Thorin et fils Éditeurs, 1893.

Collins John J., *Between Athens and Jerusalem : Jewish Identity in the Hellenistic Diaspora*, Eerdmans Publishing Co., 2000.

Conche Marcel, *Essais sur Homère*, PUF, coll. « Quadrige », 2002.

Cornford Francis M., *From Religion to Philosophy. A Study in the Origins of Western Speculation* [1912], Dover Publications, 2004.

Deforge Bernard, *Le commencement est un Dieu : le Proche-Orient, Hésiode et les mythes*, Les Belles Lettres, 1990.

Delorme Bruno, *Le Christ grec : de la tragédie aux Évangiles*, Bayard, 2009.

Descat Raymond, Briant Pierre, Lévêque Pierre, *Le Monde grec aux temps classiques*, t. 1 : *Le Ve siècle*, PUF, coll. « Nouvelle Clio », 1995 ; t. 2 : *Le IVe siècle*, PUF, coll. « Nouvelle Clio », 2004.

Détienne Marcel, *Les Jardins d'Adonis*, Gallimard, coll. « Bibliothèque des histoires », 1972.

—, *L'Invention de la mythologie*, Gallimard, coll. « Tel », 1992.

—, *Les Maîtres de vérité dans la Grèce archaïque : retour sur la bouche de vérité*, Le Livre de poche, 2006.
—, *Les Grecs et nous*, Perrin, coll. « Tempus », 2009.
—, *Les Dieux d'Orphée*, Gallimard, coll. « Folio histoire », 2015.
— (dir.), *Transcrire les mythologies*, Albin Michel, coll. « Idées », 1994.
—, Vernant Jean-Pierre, *Les Ruses de l'intelligence : la mètis des Grecs*, Flammarion, coll. « Champs Essais », 2009.
— *et al.*, *Les Savoirs de l'écriture en Grèce ancienne*, Septentrion, 2010.
Dever William, *Aux origines d'Israël : quand la Bible dit vrai*, Bayard, 2005.
Dodds Eric Roberston, *Les Grecs et l'Irrationnel*, Flammarion, coll. « Champs », 1999.
—, *Les Grecs et leurs croyances*, Éditions du Félin, 2009.
Dogniez Cécile, Harl Marguerite (dir.), *La Bible d'Alexandrie*, Cerf, 1991-2001.
Dorival Gilles, Munich Olivier, *Selon les Septantes : mélanges offerts à Marguerite Harl*, Cerf, 1995.
Drews Robert, *The Coming of the Greeks : Indo-European Conquests in the Aegean and the Near East*, Princeton University Press, 1988.
Droz Geneviève, *Les Mythes platoniciens*, Seuil, 1992.
Duchemin Jacqueline, *Mythes grecs et sources orientales*, Les Belles Lettres, 2014.
—, *Prométhée : histoire du mythe, de ses origines orientales à ses incarnations modernes*, Les Belles Lettres, 2014.
Dumas-Reungoat Christine, *La Fin du monde : enquête sur l'origine du mythe*, Les Belles Lettres, 2001.

Durand Jean-Dominique, *L'Europe de la démocratie chrétienne : identités politiques européennes*, Complexe, 1995.

Elayi Josette, *Pénétration grecque en Phénicie sous l'Empire perse*, Presses universitaires de Nancy, 1991.

—, *Histoire de la Phénicie*, Perrin, 2013.

—, Sapin Jean, *Nouveaux regards sur la Transeuphratène*, Brepols, 1996.

Espagne Michel, Simon-Nahum Perrine (dir.), *Passeurs d'Orient*, Éd. de l'Éclat, coll. « Bibliothèque des fondations », 2013.

Faure Paul, *La Grèce au temps de la guerre de Troie, 1250 av. J.-C.*, Hachette, 1975.

Finkelstein Israël, *Le Royaume biblique oublié*, Odile Jacob, 2013.

—, Silberman Neil Asher, *La Bible dévoilée : les nouvelles révélations de l'archéologie*, Bayard, 2002.

—, Silberman Neil Asher, *Les Rois sacrés de la Bible*, Bayard, 2006.

—, Gallé-Soas Sophie, *Un archéologue au pays de la Bible*, Bayard, 2008.

Finley Moses, *Les Premiers Temps de la Grèce : l'âge du bronze et l'époque archaïque*, François Maspero, 1973.

—, *Démocratie antique et démocratie moderne*, Payot, 1976.

—, *Le Monde d'Ulysse*, Seuil, coll. « Points », 1990.

—, *Les Anciens Grecs*, Seuil, coll. « Points », 1993.

—, *Économie et société en Grèce ancienne*, La Découverte, 2007.

—, *On a perdu la guerre de Troie : propos et polémiques sur l'Antiquité*, Hachette Littératures, coll. « Pluriel », 2007.

—, *L'Héritage de la Grèce*, Tallandier, coll. « Texto », 2009.

Flahault François, *Le Crépuscule de Prométhée*, Mille et une nuits, 2008.

Flavius Josèphe, *La Guerre des Juifs contre les Romains : du bon usage de la trahison*, Minuit, 1977.

—, *Les Antiquités juives*, 5 vol., Cerf, 1992-2010.

Frazer James George, *Sur les traces de Pausanias : à travers la Grèce ancienne*, Les Belles Lettres, 1965.

Gadamer Hans-Georg, *Au commencement de la philosophie : pour une lecture des présocratiques*, Seuil, 2001.

—, *Interroger les Grecs : études sur les présocratiques, Platon et Aristote*, Fides, 2006.

Gange Françoise, *Le Mythe d'Europe dans la grande histoire : du mythe au continent*, La Renaissance du Livre, 2004.

Garelli Paul, Durant Jean-Marie, *Le Proche-Orient asiatique*, t. 1 : *Des origines aux invasions des peuples de la mer*, PUF, coll. « Nouvelle Clio », 1997.

Garelli Paul, Lemaire André, *Le Proche-Orient asiatique*, t. 2 : *Les Empires mésopotamiens, Israël*, PUF, coll. « Nouvelle Clio », 2002.

Geny Evelyne, Fartzoff Michel, *Pouvoir des hommes, signes des dieux dans le monde antique*, PUF, 2003.

Gernet Louis, *Anthropologie de la Grèce antique*, Flammarion, coll. « Champs Histoire », 1999.

—, *Droit et institutions en Grèce antique*, Flammarion, coll. « Champs », 1999.

—, *Recherches sur le développement de la pensée juridique en Grèce ancienne*, Albin Michel, 2001.

Gibert Pierre, *Comment la Bible fut écrite*, Bayard, 2011.

Graves Robert, *Les Mythes grecs*, Fayard, 1967.

—, Patai Raphaël, *Les Mythes hébreux*, Fayard, 1987.
Guilaine Jean, *Les Racines de la Méditerranée et de l'Europe*, Fayard, coll. « Collège de France », 2008.
Gusdorf Georges, *Mythe et métaphysique : introduction à la philosophie*, Flammarion, coll. « Champs », 1993.
Hadas-Lebel Mireille, *Flavius Josèphe, le Juif de Rome*, Fayard, 1989.
—, *Histoire de la langue hébraïque : des origines à l'époque de la Mishna*, Peeters, 1995.
—, *Philon d'Alexandrie : un penseur en diaspora*, Fayard, 2003.
—, *La Révolte des Maccabées, 167-142 av. J.-C.*, Lemme Edit, 2012.
—, Shavit Yaacov, *Faut-il croire à ce que dit la Bible ?*, Albin Michel, 2009.
Hansen Mogens, *La Démocratie athénienne : à l'époque de Démosthène*, Tallandier, coll. « Texto », 2009.
Harl Marguerite, *La Langue de Japhet : quinze études sur la Septante et le grec des chrétiens*, Cerf, 1992.
—, Dorival Gilles, *La Bible grecque des Septante : du judaïsme hellénistique au christianisme ancien*, Cerf, 1988.
Hartog François, *Le Miroir d'Hérodote : essai sur la représentation de l'autre*, Gallimard, 1981.
—, *L'Histoire d'Homère à Augustin*, Seuil, coll. « Points », 1999.
—, *Partir pour la Grèce : pourquoi nous avons toujours besoin des Anciens*, Flammarion, 2015.
Herm Gerhard, *Les Phéniciens : l'antique royaume de la pourpre*, Fayard, 1996.
Herrenschmidt Clarisse, *Les Trois Écritures*, Gallimard, 2007.

Houlle Thierry, *L'Eau et la Pensée grecque : du mythe à la philosophie*, L'Harmattan, 2010.
Irigoin Jean, *Tradition et critique des textes grecs*, Les Belles Lettres, 1997.
Jacquemard Simonne, *Trois mystiques grecs : Orphée, Pythagore, Empédocle*, Albin Michel, 1997.
—, *Héraclite, les fragments : Héraclite d'Éphèse ou le Flamboiement de l'obscur*, Arfuyen, 2003.
Jaeger Werner Wilhelm, *Paideia : The Ideals of Greek Culture*, Oxford University Press, 1979.
—, *À la naissance de la théologie : essai sur les présocratiques*, Cerf, 1996.
James Bentley, *Secrets of Mount Sinai : Story of the Codex Sinaiticus*, Orbis Publishing, 1985.
Jerphagnon Lucien, *Les dieux ne sont jamais loin*, Desclée de Brouwer, 2002.
—, *Au bonheur des sages*, Desclée de Brouwer, 2004.
Joosten Jean, Le Moigne Philippe, *L'Apport de la Septante aux études sur l'Antiquité : actes du colloque de Strasbourg, 8-9 novembre 2002*, Cerf, 2002.
Jouanno Corinne, *La Vie d'Ésope*, Les Belles Lettres, 2006.
Jung Carl Gustav, *Les Racines de la conscience*, Buchet-Chastel, 1971.
—, *Métamorphoses de l'âme et ses symboles*, Georg & Cie, 1983.
—, Kereny Charles, *Introduction à l'essence de la mythologie*, Payot, 2001.
Kirk G., Raven J.-E., Schofield M., *Les Philosophes présocratiques : une histoire critique*, Cerf/Éd. universitaires de Fribourg, 1995.

Koulagna Jean, *Salomon : de l'Histoire deutéronomiste à Flavius Josèphe*, Publibook, 2009.

Kramer Samuel Noah, *L'histoire commence à Sumer*, Flammarion, coll. « Champs Histoire », 2015.

Laks André, *Diogène d'Apollonie : la dernière cosmologie présocratique*, Presses universitaires de Lille, 1983.

Laks André, *Histoire, doxographie, vérité : études sur Aristote, Théophraste et la philosophie présocratique*, Peeters, 2007.

Laperrousaz E.-M., *La Palestine à l'époque perse*, Cerf, 1994.

Laroche Michel, *Les Racines chrétiennes de l'Europe : 1700e anniversaire de l'édit de Milan (313-2013). Les antinomies et synergies de l'État et de l'Église de 313 à 1054*, Erick Bonnier, 2014.

Legendre Pierre, *La Fabrique de l'homme occidental*, Mille et une nuits, 2000.

Lemaire André (textes présentés par), *Le Monde de la Bible*, Gallimard, 1998.

—, Briend Jacques, *La Palestine à l'époque perse*, Cerf, 1977.

—, Braun Eliot, *Ce que la Bible doit à l'Égypte*, Bayard, 2008.

—, Dufour Bertrand, Pfitzmann Fabian, *Phéniciens d'Orient et d'Occident*, Librairie d'Amérique et d'Orient/Adrien Maisonneuve, 2014.

Léonas Alexis, *Recherches sur le langage de la Septante*, Vandenhoeck & Ruprecht, 2005.

Levet Jean-Pierre, *Le Vrai et le Faux dans la pensée grecque archaïque : d'Hésiode à la fin du Ve siècle*, Les Belles Lettres, 2008.

Lévy Carlos, *Les Philosophes hellénistiques*, Le Livre de poche, 1997.

—, *Devenir dieux : désir de puissance et rêve d'éternité chez les Anciens*, Les Belles Lettres, 2008.

Lévy Edmond, *La Grèce au Ve siècle : de Clisthène à Socrate. Nouvelle Histoire de l'Antiquité – 2*, Seuil, coll. « Points Histoire », 1995.

—, *La Codification des lois dans l'Antiquité*, De Boccard, 2000.

Loisy Alfred, *Histoire du canon de l'Ancien Testament (1890)*, Kessinger Legacy Reprint, 2010.

Loubet Mireille, Pralon Didier, *Eukarpa : études sur la Bible et ses exégètes*, Cerf, 2011.

Magness Jodi, *Que sait-on de Qumrân ?*, Bayard, 2003.

Manent Pierre, *Les Métamorphoses de la cité : essai sur la dynamique de l'Occident*, Flammarion, 2012.

Mansouri Saber, *Athènes vue par ses métèques*, Tallandier, 2011.

Marguerat Daniel, *L'Aube du christianisme*, Labor et Fides/Bayard, 2008.

Mélèze-Modrzejewski Joseph, *Les Juifs d'Égypte de Ramsès II à Hadrien*, PUF, 1997.

—, *Un peuple de philosophes : aux origines de la condition juive*, Fayard, 2011.

Mimouni Simon Claude, *Le Judéo-Christianisme ancien*, Cerf, 1998.

—, *Les Chrétiens d'origine juive dans l'Antiquité*, Albin Michel, 2004.

—, *Le Judaïsme ancien du VIe siècle avant notre ère au IIIe siècle de notre ère : des prêtres aux rabbins*, PUF, coll. « Nouvelle Clio », 2012.

—, Pierre Maraval, *Le Christianisme : des origines à Constantin*, PUF, coll. « Nouvelle Clio », 2006.

Momigliano Arnaldo, *Problèmes d'historiographie ancienne et moderne*, Gallimard, coll. « Bibliothèque des histoires », 1983.

—, *Alien Wisdom : The Limits of Hellenization*, Cambridge University Press, 1991.

—, *Les Fondations du savoir historique*, Les Belles Lettres, 1991.

—, *Contribution à l'histoire du judaïsme*, Éditions de l'Éclat, 2002.

Morazé Charles, *Les Origines sacrées des sciences modernes*, Fayard, 1986.

Morch Vincent, *Exit : exclus et marginaux en Grèce et à Rome*, Les Belles Lettres, 2012.

Moreau Alain, *La Fabrique des mythes*, Les Belles Lettres, 2006.

Mossé Claude, *La Grèce archaïque d'Homère à Eschyle*, Seuil, 1984.

Neher André, *Jérémie*, Seuil, 1998.

—, *Moïse et la Vocation juive*, Seuil, 2004.

Nietzsche Friedrich, *Sur la personnalité d'Homère. Nous autres philologues*, Le Passeur, 1992.

—, *Les Philosophes préplatoniciens*, Éditions de l'Éclat, 1994.

Orrieux Claude, *Les Papyrus de Zénon : l'horizon d'un Grec en Égypte au IIIe siècle avant J.-C.*, Macula, 1983.

Paquet Léonce (textes présentés par), *Les Cyniques grecs : fragments et témoignages*, Le Livre de poche, coll. « Les Classiques de la philosophie », 1992.

Parker D.C., *Codex Sinaiticus : The Story of the World's Oldest Bible*, Hendrickson Publishers, 2010.

Parmentier Léon, *Euripide et Anaxagore* [1893], Kessinger Legacy Reprint, 2010.

Parrot André, *Proche et Moyen-Orient : Sumer*, Gallimard, coll. « L'Univers des formes », 2006.

—, *Proche et Moyen-Orient : Assur*, Gallimard, coll. « L'Univers des formes », 2007.

—, Chéhab Maurice, Moscati Sabatino, *Proche et Moyen-Orient : les Phéniciens. L'expansion phénicienne – Carthage*, Gallimard, coll. « L'Univers des formes », 2007.

Paul André, *Et l'homme créa la Bible : d'Hérodote à Flavius Josèphe*, Bayard, 2000.

—, *La Bible et l'Occident : de la bibliothèque d'Alexandrie à la culture européenne*, Bayard, 2007.

Pélikan Jaroslav, *À qui appartient la Bible ?*, CNRS Éditions, 2010.

Pelletier André (dir.), *Lettre d'Aristée à Philocrate*, Cerf, 1976.

Philon d'Alexandrie, *Œuvres complètes*, Cerf, 1976-1992.

Porter Stanley, *Constantine Tischendorf : The Life and Work of a 19th Century Bible Hunter*, Bloomsbury, 2015.

Poursat Jean-Claude, *La Grèce préclassique : des origines à la fin du VIe siècle. Nouvelle histoire de l'Antiquité – 1*, Seuil, 1998.

Préaux Claire, *Le Monde hellénistique*, t. 1 : *La Grèce et l'Orient, de la mort d'Alexandre à la conquête romaine*, PUF, coll. « Nouvelle Clio », 1992 ; t. 2 : *La Grèce et l'Orient, 323-146 av. J.-C.*, PUF, coll. « Nouvelle Clio », 2002.

Reinach Théodore, *Textes d'auteurs grecs et romains relatifs au judaïsme*, Les Belles Lettres, coll. « L'Arbre de Judée », 2007.

Renan Ernest, *Histoire des origines du christianisme*, Laffont, 2012.

—, *Prière sur l'Acropole* [1889], Hachette Livre, 2013.

Römer Thomas, *Dieu obscur*, Labor et Fides, 1998.

—, *La Première Histoire d'Israël*, Labor et Fides, 2007.

—, Pury Albert de, Macchi Jean-Daniel, *Israël construit son histoire : l'historiographie deutéromiste à la lumière des recherches récentes*, Labor et Fides, 1996.

—, Pury Albert de, *Le Pentateuque en question*, Labor et Fides, 2002.

Romilly Jacqueline de, *Pourquoi la Grèce ?*, Le Livre de poche, 1994.

—, *La Tragédie grecque*, PUF, coll. « Quadrige », 1997.

—, *La Loi dans la pensée grecque : des origines à Aristote*, Les Belles Lettres, 2002.

—, *Les Grands Sophistes dans l'Athènes de Périclès*, Le Livre de poche, coll. « Références », 2004.

Rose Martin, *Une herméneutique de l'Ancien Testament*, Labor et Fides, 2003.

Roux Georges, *La Mésopotamie*, Seuil, coll. « Points », 2015.

Saïd Suzanne, *Approches de la mythologie grecque : lectures anciennes et modernes*, Les Belles Lettres, 2008.

—, *Homère et l'Odyssée*, Hachette, 2011.

—, Trédé-Boulmer Monique, Le Boulluec Alain, *Histoire de la littérature grecque*, PUF, 2013.

Salzmann Monique, *Pourquoi la mythologie ?*, La Part commune, 2006.

Sartre Maurice, *D'Alexandre à Zénobie : histoire du Levant antique, IVe siècle av. J.-C.-IIIe siècle apr. J.-C.*, Fayard, 2001.

—, *L'Anatolie hellénistique : de l'Égée au Caucase (334-31 av. J.-C.)*, Armand Colin, 2004.

—, *Histoires grecques*, Seuil, 2006.

—, Tranoy Alain, *La Méditerranée antique, IIIe siècle av. J.-C.-IIIe siècle apr. J.-C.*, Armand Colin, 1997.

Schäfer Peter, *Histoire des Juifs dans l'Antiquité*, Cerf, 1989.

—, *Le Dieu caché et révélé : introduction à la mystique juive ancienne*, Cerf, 1993.

—, *The History of the Jews in the Greco-Roman World : The Jews of Palestine from Alexander the Great to the Arab Conquest*, Taylor & Francis Ltd, 2003.

—, *Mirror of His Beauty : Feminine Image of God from the Bible to the Early Kabbalah*, Princeton University Press, 2004.

—, *The Jewish Jesus : How Judaism and Christianity Shaped Each Other*, Princeton University Press, 2012.

Schenker Adrian, Hugo Philippe (dir.), *L'Enfance de la Bible hébraïque : histoire du texte de l'Ancien Testament*, Labor et Fides, 2005.

Schmidt Jean-Claude (dir.), *Ève et Pandore : la création de la première femme*, Gallimard, 2002.

Scholem Guershom, *Le Messianisme juif : essais sur la spiritualité du judaïsme*, Les Belles Lettres, 2015.

Schrödinger Erwin, *La Nature et les Grecs*, Les Belles Lettres, 2014.

Schuhl Pierre-Maxime, *Essai sur la formation de la pensée grecque*, Alcan, 1934.

Schwentzel Christian-Georges (en collaboration avec B. Lançon), *L'Égypte hellénistique et romaine*, Nathan, 1999.

Schwentzel Christian-Georges, *L'Orient méditerranéen à l'époque hellénistique*, Éditions du Temps, coll. « Synthèse d'histoire grecque », 2003.

—, *Juifs et Nabatéens : les monarchies ethniques du Proche-Orient hellénistique et romain*, Presses universitaires de Rennes, coll. « Histoire », 2013.

Simon Marcel, Benoît André, *Le Judaïsme et le Christianisme antique, d'Antiochus Épiphane à Constantin*, PUF, coll. « Nouvelle Clio », 1998.

Sineux Pierre, *Qu'est-ce qu'un dieu grec ?*, Klincksieck, 2006.

Snodgrass Anthony, *La Grèce archaïque*, Hachette Littératures, coll. « Pluriel », 2005.

Soskice Janet, *Les Aventurières du Sinaï*, Lattès, 2010.

Steiner George, *Dans le château de Barbe-Bleue : notes pour une redéfinition de la culture*, Seuil, 1973.

—, *Les Antigones*, Gallimard, 1986.

Strauss Leo, *Études de philosophie politique platonicienne*, Belin, 2000.

—, *Pourquoi nous restons juifs : révélation biblique et philosophie*, La Table ronde, 2001.

—, *La Persécution et l'Art d'écrire*, Éditions de l'Éclat, 2003.

—, *Droit naturel et histoire*, Flammarion, coll. « Champs », 2008.

—, *La Philosophie politique et l'histoire : de l'utilité et des inconvénients de l'histoire pour la philosophie*, Le Livre de poche, coll. « Biblio Essais », 2008.

Tcherikover Victor, *Hellenistic Civilization and the Jews*, Hendrickson Publisher, 2004.

Teixidor Javier, *Mon père l'Araméen errant*, Albin Michel, 2003.

Tischendorf Konstantin von, *De la date de nos Évangiles, ou réponse à cette question : quand est-ce que nos Évangiles ont été composés ?* [1866], Kessinger Legacy Reprint, 2010.

—, *Terre-Sainte, avec les souvenirs de S. A. I. le grand duc Constantin* [1868], Hachette Livre, 2013.

Tournaire Roland, *L'Intuition existentielle : Parménide, Isaïe et le midrash proto-chrétien*, L'Harmattan, 2004.

Treuil René, Darcque Pascal, *Les Civilisations égéennes du néolithique et de l'âge du bronze*, PUF, coll. « Nouvelle Clio », 2008.

Vernant Jean-Pierre, *L'Univers, les Dieux, les Hommes : récits grecs des origines*, Seuil, coll. « Bibliothèque du XXIe siècle », 1999.

—, *Ulysse, suivi de Persée*, Bayard, 2004.

—, *Pandora, la première femme*, Bayard, 2006.

—, Vidal-Naquet Pierre, *Œdipe et ses mythes*, Complexe, 1988.

Veyne Paul, *Les Grecs ont-ils cru à leurs mythes ? Essai sur l'imagination constituante*, Seuil, coll. « Points », 1992.

—, *Quand notre monde est devenu chrétien (312-394)*, Albin Michel, coll. « Bibliothèque Idées », 2007.

—, *L'Empire gréco-romain*, Seuil, coll. « Points », 2015.

—, Marin Louis, *Propagande expression roi, image idole oracle : visibilité et lisibilité des images du pouvoir*, Arkhe Éditions, 2011.

Vidal-Naquet Pierre, *La Démocratie grecque vue d'ailleurs : essais d'historiographie ancienne et moderne*, Flammarion, coll. « Champs », 1996.
—, *Le Monde d'Homère*, Perrin, 2000.
—, *Le Miroir brisé : Tragédie athénienne et politique*, Les Belles Lettres, 2002.
—, *Le Monde d'Homère*, Perrin, coll. « Tempus », 2002.
—, *L'Atlantide*, Les Belles Lettres, 2005.
—, Vernant Jean-Pierre, *Mythe et tragédie en Grèce ancienne*, 2 vol., La Découverte, 2003.
Voelke André-Jean, *La Philosophie comme thérapie de l'âme : études de philosophie hellénistique*, Cerf/Éditions universitaires de Fribourg, 1993.
Vray Nicole, *Les Mythes fondateurs de Gilgamesh à Noé*, Desclée de Brouwer, 2012.
Weber Max, Le Judaïsme antique, Flammarion, coll. « Champs classiques », 2010.
Will Édouard, *Histoire politique du monde hellénistique, 323-30 av. J.-C.*, Seuil, 2003.
—, Orrieux Claude, *Ioudaismos-hellenismos : essai sur le judaïsme judéen à l'époque hellénistique*, Presses universitaires de Nancy, 1981.
Wismann Heinz, *Penser entre les langues*, Albin Michel, 2012.
Yerushalmi Yosef Hayim, *Transmettre l'histoire juive : entretiens avec Sylvie Anne Goldberg*, Albin Michel, coll. « Itinéraires du savoir », 2012.

TABLE DES MATIÈRES

DES MÊMES AUTEURS

Pierre-Henry Salfati

Talmud. Enquête dans un monde très secret, Albin Michel/Arte Éditions, 2009.

Jacques Attali

Essais

Analyse économique de la vie politique, PUF, 1973.
Modèles politiques, PUF, 1974.
L'Anti-économique (avec Marc Guillaume), PUF, 1975.
La Parole et l'Outil, PUF, 1976.
Bruits. Économie politique de la musique, PUF, 1977, nouvelle édition, Fayard, 2000.
La Nouvelle Économie française, Flammarion, 1978.
L'Ordre cannibale. Histoire de la médecine, Grasset, 1979.
Les Trois Mondes, Fayard, 1981.
Histoires du Temps, Fayard, 1982.
La Figure de Fraser, Fayard, 1984.
Au propre et au figuré. Histoire de la propriété, Fayard, 1988.
Lignes d'horizon, Fayard, 1990.
1492, Fayard, 1991.
Économie de l'Apocalypse, Fayard, 1994.
Chemins de sagesse : traité du labyrinthe, Fayard, 1996.
Fraternités, Fayard, 1999.
La Voie humaine, Fayard, 2000.
Les Juifs, le Monde et l'Argent, Fayard, 2002.
L'Homme nomade, Fayard, 2003.
Foi et Raison – Averroès, Maïmonide, Thomas d'Aquin, Bibliothèque nationale de France, 2004.
Une brève histoire de l'avenir, Fayard, 2006 (nouvelle édition, 2009-2015).
La Crise, et après ?, Fayard, 2008.

Le Sens des choses, avec Stéphanie Bonvicini et 32 auteurs, Robert Laffont, 2009.
Survivre aux crises, Fayard, 2009.
Tous ruinés dans dix ans ? Dette publique, la dernière chance, Fayard, 2010.
Demain, qui gouvernera le monde ?, Fayard, 2011.
Candidats, répondez !, Fayard, 2012.
La Consolation, avec Stéphanie Bonvicini et 18 auteurs, Naïve, 2012.
Avec nous, après nous… Apprivoiser l'avenir, avec Shimon Peres, Fayard/Baker Street, 2013.
Histoire de la modernité. Comment l'humanité pense son avenir, Robert Laffont, 2013.
Devenir soi, Fayard, 2014.
Peut-on prévoir l'avenir ?, Fayard, 2015.
100 jours pour que la France réussisse, Fayard, 2016.

Dictionnaires

Dictionnaire du XXIe siècle, Fayard, 1998.
Dictionnaire amoureux du judaïsme, Plon/Fayard, 2009.

Romans

La Vie éternelle, roman, Fayard, 1989.
Le Premier Jour après moi, Fayard, 1990.
Il viendra, Fayard, 1994.
Au-delà de nulle part, Fayard, 1997.
La Femme du menteur, Fayard, 1999.
Nouv'Elles, Fayard, 2002.
La Confrérie des Éveillés, Fayard, 2004.
Notre vie, disent-ils, Fayard, 2014.

Biographies

Siegmund Warburg, un homme d'influence, Fayard, 1985.
Blaise Pascal ou le Génie français, Fayard, 2000.
Karl Marx ou l'Esprit du monde, Fayard, 2005.
Gândhî ou l'Éveil des humiliés, Fayard, 2007.
Phares. 24 destins, Fayard, 2010.
Diderot ou le Bonheur de penser, Fayard, 2012.

Théâtre

Les Portes du Ciel, Fayard, 1999.
Du cristal à la fumée, Fayard, 2008.
Théâtre, Fayard, 2016.

Contes pour enfants

Manuel, l'enfant-rêve (ill. par Philippe Druillet), Stock, 1995.

Mémoires

Verbatim I, Fayard, 1993.
Europe(s), Fayard, 1994.
Verbatim II, Fayard, 1995.
Verbatim III, Fayard, 1995.
C'était François Mitterrand, Fayard, 2005.

Rapports

Pour un modèle européen d'enseignement supérieur, Stock, 1998.
L'Avenir du travail, Fayard/Institut Manpower, 2007.
300 décisions pour changer la France, rapport de la Commission pour la libération de la croissance française, XO/La Documentation française, 2008.
Paris et la Mer. La Seine est Capitale, Fayard, 2010.
Une ambition pour 10 ans, rapport de la Commission pour la libération de la croissance française, XO/La Documentation française, 2010.
Pour une économie positive, groupe de réflexion présidé par Jacques Attali, Fayard/La Documentation française, 2013.
Francophonie et francophilie, moteurs de croissance durable, rapport au Président de la République, La Documentation française, 2014.

Beaux-livres

Mémoire de sabliers, collections, mode d'emploi, Éditions de l'Amateur, 1997.
Amours. Histoires des relations entre les hommes et les femmes, avec Stéphanie Bonvicini, Fayard, 2007.

Composition et mise en pages
Nord Compo à Villeneuve-d'Ascq

PAPIER À BASE DE
FIBRES CERTIFIÉES

Fayard s'engage pour
l'environnement en réduisant
l'empreinte carbone de ses livres.
Celle de cet exemplaire est de :
0,700 g éq. CO_2
Rendez-vous sur
www.fayard-durable.fr

Cet ouvrage a été imprimé en France par
CPI
pour le compte des Éditions Fayard
en août 2016

N° d'édition : 36-3564-6/01
N° d'impression : 2024579